W0235821

INHALT

VORWORT

Liebe Leser,

kuckuck, der TV-Frührentner ist wieder da.

Einige schneidern nach ihrer Karriere als aktiver Fernsehkopf »Mode für Mollige« oder kochen Aprikosenmarmelade auf Ibiza ein und verscherbeln sie für teuer Geld im Internet. Andere wiederum lassen sich hauptberuflich von RTL 2 beim Austern-Futtern auf den Bahamas filmen oder werden Freizeit-Lama in Tirol. Das ist alles nix für mich.

So wurde ich für knapp ein Jahr zum Kolumnisten und durfte über Royals und Celebritys philosophieren. Meine Welt! Ich liebe gepflegten Tratsch. Solange nichts Bösartiges in Umlauf gebracht wird.

Die GALA ist diesbezüglich eine Klasse für sich. Hier dichtet man nichts Unschönes dazu und wühlt auch nicht ungefragt in prominenten Mülltonnen herum. Das Erfinden von hanebüchenen Geschichten dem schnöden Absatz zuliebe finde ich uncharmant, um nicht zu sagen schmuddelig. Nix für mich.

Sporadisch durfte ich ja immer mal wieder den Kolumnisten oder Hofberichterstatter geben. So 2002 für den »Stern« bei der Hochzeit von Königin Máxima und König Willem-Alexander in Amsterdam – nachzulesen hier am Buchende in dem Kapitel »Traumhochzeit«. Oder 2013 als Reporter für den ORF bei deren Krönung. Unvergesslich oder »onvergetelijk«, wie der Holländer sagt. Darüber später mehr.

Gerne plaudere ich hier aus dem Nähkästchen meiner Erfahrungen mit Stars und Sternchen, welche meine Milchstraße gekreuzt haben. Doch bevor wir uns gemeinsam auf VIP-Höhenflüge begeben, sollten wir eine Frage noch flott klären: Was macht einen Promi zum echten Promi? Wer ist ein sogenannter A-Promi und wer nur ein »Adabei«? So nennt man im süddeutschen Sprachraum Anhängsel von Promis, wie beispielsweise ehemalige Fitnesstrainer, angelernte Diätassistentinnen oder Coiffeure. Der Schweizer spricht hier gerne von der geschnittenen »Cervelat-Prominenz«.

Tja, A- oder B-Promi: Wer soll da noch durchblicken? Es klingt ja auch so unschön. Wie ein anrüchiger B-Movie. Sprechen wir also lieber von Platin-, Gold-, Silber-, Bronze- und Nickel-Promis.

Ähnlich wie beim Adel gibt es auch in der Promi-Welt die höheren Würdenträger und die unteren Chargen. Wobei »Royalty« natürlich grundsätzlich immer über »Celebrity« steht. Sie schwebt fast unantastbar und ätherisch über allem. Hört man etwa heraus, dass ich heimlich Royalist bin? Nein, das ist gelogen. Ich verehre und vergöttere Monarchien. Das ist zwar unprofessionell, aber auch zutiefst menschlich. Herrje, ich verquatsche mich ja schon im Vorwort!? Mehr zu meiner Leidenschaft für gekrönte Häupter und zur Faszination der Royals gleich hier im Anschluss.

Zurück zu den Promi-Kategorien: Ganz unten steht im Prinzip der sogenannte »Reality-Star«. Aber – aufgepasst! – hier gibt es Ausnahmen. Sie sehen: Es ist gar nicht so einfach.

TV-Shows wie »Deutschland sucht den Superstar« oder »Big Brother« bringen inzwischen eine derartig hohe Anzahl von angeblich prominenten Personen hervor, dass eine etwas genauere Unterscheidung zwingend wurde. In jenen Formaten werden Nickel Promis mit mattem Glanz am Fließband produziert. Sprich, Personen, deren Prominenz als sehr schnelllebig und deren Image als besonders ausgelutscht wahrgenommen wird.

Madonna, Lady Gaga, Elton John und Robbie Williams sind selbstverständlich Platin-Promis. Sie sind international bekannt und können enorme künstlerische Leistungen vorweisen. Man kann es nicht wegdiskutieren: Sie stehen oben auf der Hollywood-Hühnerleiter. Ihnen wird von Amts wegen Gehör geschenkt.

Wieso fällt mir bei Gold-Promis Thomas Gottschalk ein? Na, weil er einer ist. Er ist quasi ein nationaler Weltstar. So wie auch unser Herr Jauch, Iris Berben oder Senta Berger.

In der Nippel… sorry, Nickel-Abteilung rangieren schlussendlich alle, die quasi ein öffentliches Leben führen. Stichwort »Doku-Soap«. Wenn Sie sich die Frage stellen: »Warum ist diese Person überhaupt im Fernsehen?«, sind Sie im Nickel-Club gelandet. Welcome!

In Amerika allerdings haben sich die Verhältnisse schon umgekehrt. Die Reality-Stars Kardashian haben dort Hollywoodgrößen wie Brad Pitt und Angelina Jolie längst den Rang abgelaufen. In ihrer Selbstdarstellungskunst sind Kim und ihre Familie unübertroffen.

Auch wenn die Doku-Soap-Sternchen ein beneidenswertes Leben führen, wie es sich unsere Eltern dereinst immer für uns, die Kinder der Nachkriegskinder, gewünscht haben, nämlich frei von Not und Drangsal – in der Ausbeutung und im Ausschlachten ihres Images sind Kim und Family geradezu kriegerisch. Ganz nach dem Motto: Gossip sells. Klatsch verkauft. Deshalb berichten inzwischen nicht mehr nur Boulevardzeitungen, sondern auch seriöse Medien über all die Leute, die berühmt sind dafür, »irgendwie bekannt« zu sein.

Meinen allerersten Einsatz als Klatschreporter hatte ich übrigens im Februar des Wendejahres 1989.

Damals schickte mich mein Lieblingssender Radio Bremen für die Kult-Show »Extratour« zur Verleihung des Deutschen Fernsehpreises nach Köln.

Im strömenden Regen stehe ich dort auf dem klitsch-nassen roten Teppich und soll in einer Live-Schalte die Stars von Evelyn Hamann bis Willi Millowitsch keck interviewen. Aber wer sollte sich schon bei strömendem Regen auf triefender Auslegeware mit mir angeregt unterhalten wollen?

Deswegen erfinde ich an jenem Abend das »Fernsehen für Kurzentschlossene«. Samt Kamerateam stelle ich mich ins Trockene; direkt vor die Herrentoilette. Ich habe unverschämtes Glück. Die Toilettenfrau Gisela M. ist eine aufgeweckte Person und in Plauderlaune. So verhöre ich sie spontan.

Welcher Fernsehliebling wäscht sich die Hände, und vor allem: welcher nicht. Das ist tatsächlich nicht unkomisch. Meine erste bebilderte Kolumne. Die sympathische kölsche Klofrau hat mir so kurz vorm Mauerfall gewissermaßen zum Durchbruch verholfen.

Ein wichtiges Geheimnis aus der Promi-Welt habe ich bereits an jenem Abend lernen dürfen, und gerne teile ich es hier mit Ihnen: Alle Menschen sind gleich. Unterschiede bilden wir uns ein

Nun wünsche ich Ihnen viel Vergnügen bei der Lektüre meiner Kolumnen. Keine Sorge: Es geht hier nicht ums Koksen, Grapschen oder Schlimmeres. Es wird ganz nett. Machen Sie es sich also gemütlich. Jetzt wird frisch hapeziert!

Ich drücke Sie!

Ihr Hape Kerkeling

FASZINATION ROYALS

Ehe es aber losgeht mit den Kolumnen, müssen wir vorab klären, warum wir Königs eigentlich so lieben und wie die genealogischen Verbindungen und Verstrickungen unter Europas Königshäusern sind.

Eins vorneweg: Alle Menschen sind natürlich gleich.

Doch machen wir uns bitte nichts vor, meine Lieben! Monarchien strahlen seit jeher etwas besonders Erhabenes aus. Genau deshalb sind blaublütige Fürsten auch gleicher als der Rest der Normalo-Menschheit. Also, Contenance!

Kein Wunder, dass unsere Vorfahren noch an »Gottkönige« glaubten. Ob in Ägypten, Rom oder China. Royalty, wie das schon klingt! Nach Diadem und dickem roten Teppich.

Der magische Glanz, die unkaputtbare Kontinuität und die bescheidene Zurückhaltung, die von Europas Fürstenhäusern ausgehen, faszinieren jedenfalls bis heute. Immer wieder. Das lässt sich auch zweifelsfrei anhand der Sensations-Einschaltquoten royaler Traumhochzeiten belegen.

Ob altgediente Monarchinnen wie Königin Silvia von Schweden oder junge Herzoginnen-Hüpfer wie Käthe Cambridge. Wir schauen gerne hin, hören zu, sind beeindruckt und bewundern die feinen Aristokratinnen still.

Im tiefsten Grunde unseres Herzens wünschen wir uns wohl sowieso alle, vom gutmütigen Augsburger-Puppenkisten-Herrscher König Alfons dem Viertel-vor-Zwölften mit Besonnenheit und Humor regiert zu werden. Insgeheim sind die meisten von uns doch gefühlte Royalisten. Und womit? Mit Recht.

Der Job von Königs ist allerdings unfassbar facettenreich und somit kompliziert. An jeder Ecke lauern protokollarische Fettnäpfchen. Die Klatschpresse ist zudem, in sehnsüchtiger Erwartung kleinster Fauxpas, bei jedem öffentlichen Auftritt immer mit am Ball.

Wie konnten die zehn regierenden Fürstenhäuser in Europa Kriege, Krisen und Revolutionen über die Jahrhunderte überstehen – und an der Macht bleiben?

Weltweit gibt es derzeit 44 Monarchien sowie den Vatikan. Der ist zwar nur so groß wie Silvio Berlusconis Ferienhaus auf Sardinien, aber auch die letzte absolute Monarchie in Europa. Klein, aber oho. Sage und schreibe ein Viertel der unabhängigen Staaten auf diesem Planeten sind Königreiche, Herzog- oder Fürstentümer.

Darunter so kuriose Nationen wie zum Beispiel der zwischen Spanien und Frankreich eingequetschte Pyrenäen-Zwergstaat Andorra. Dort regieren bis heute zwei Kofürsten. Der eine ist der Bischof der nordkatalonischen Stadt La Seu d'Urgell, der andere der französische Staatspräsident. Staaten gibt's!

»Monos« sagt der Grieche, wenn er das Gegenteil von Stereo meint. »Archein« hingegen bedeutet herrschen. Nur wenn einer alleine alles wuppt, sprechen wir von einer Monarchie. Insofern ist Andorra streng genommen gar keine Monarchie, sondern eine Art Duett in Stereo!

In Europa haben wir es heute jedenfalls wahlweise mit der konstitutionellen oder der parlamentarischen Monarchie zu tun. Der Absolutismus ist – mal abgesehen vom Heiligen Stuhl in Rom – Geschichte.

Monaco und Liechtenstein sind konstitutionelle Monarchien. Der Herrscher darf hier zwar keine dicke Lippe riskieren, denn seine Macht ist durch die Verfassung begrenzt und geregelt; jedoch ist der Monarch auch der Chef der Regierung und bestimmt maßgeblich die Geschicke seines Landes mit. Die Volksvertreter haben da, gestalterisch gesehen, herzlich wenig zu melden.

Bei der parlamentarischen Monarchie hingegen darf der König der Regierung weder reinquatschen, noch kann er sie absetzen. Politisch hat der oberste Staatsdiener hier so gut wie nichts mehr zu sagen.

Belgien, Dänemark, die Niederlande, Schweden, Spanien, das Vereinigte Königreich sowie das Großherzogtum Luxemburg teilen diese Staatsform.

Der Monarch repräsentiert hier lächelnd, winkend und tapfer die Nation nach innen und außen. Je nach Persönlichkeit wirkt er mal mehr, mal weniger auf Volk und Gesellschaft ein.

Einzig Norwegen tanzt hier ein wenig aus der royalen Reihe. Das Land ist eine konstitutionelle Monarchie nach parlamentarischem Zuschnitt. König Harald genießt in seinem Osloer Palast ein µ mehr Beinfreiheit als seine Adelskollegen im Rest Europas.

Der Einfluss aller europäischen Monarchen ist jedoch trotz Beschränkung durch die jeweilige Verfassung nicht zu unterschätzen. Mal abgesehen von ihrer gesellschaftlichen Bedeutung.

Spanien, Belgien, Luxemburg, Liechtenstein und Monaco werden übrigens von katholischen Fürstenhäusern regiert. Vielleicht versucht die Kurie hier hinter den Kulissen ab und zu ein bisschen zu soufflieren? Die fünf nordischen Monarchien hingegen sind protestantisch geprägt.

Monarchien haben sich überall dort erhalten, wo es in den vergangenen 150 Jahren relativ ruhig zuging, wie beispielsweise in Schweden oder Liechtenstein; und dort, wo die Landesfürsten im Zweiten Weltkrieg Nazideutschland mutig die Stirn boten.

So weigerte sich Königin Elizabeth – The Queen Mother – im Jahre 1940, mit ihren Töchtern Elizabeth und Margaret vom kriegsgebeutelten London ins sichere Kanada zu flüchten. Sie lehnte ab mit den Worten »Die Prinzessinnen gehen nicht ohne mich, ich gehe nicht ohne den König, und der König wird niemals gehen.«

König Christian X. von Dänemark, der Großvater der heutigen Königin Margrethe II., ritt demonstrativ jeden Morgen ohne seine Leibgarde durch die Straßen des besetzten Kopenhagens. Er wurde zum Symbol für den Freiheitsdrang der Dänen. Warum also hätten beispielsweise die Dänen die Monarchie jemals abschaffen sollen? Steht sie doch für die Unabhängigkeit ihrer Nation.

Auch in Großbritannien sprechen sich immer noch achtzig Prozent der Untertanen für die Beibehaltung der Monarchie aus. Gewissermaßen ist sie ja so etwas wie die natürliche europäische Staatsform. Nur die Schweiz hat als einzige Republik eine ähnlich lange Tradition.

Was der royale Spaß so kostet? Nun, für den Löwenanteil der Kosten kommen die Steuerzahler auf. Aber es wird ja auch aristokratisch was geboten für die Kohle! Kronen, Kutschen und Kastelle. What a show!

Deutschland hat keine besonders guten Erfahrungen mit seinem kriegshungrigen Kaiser gemacht. Sind die Deutschen trotzdem oder vielleicht gerade deshalb, aus Enttäuschung, die treuesten Anhänger der europäischen Königshäuser? Vermutlich hat es in dieser schnelllebigen Welt auch etwas Beruhigendes, eine einigermaßen heile Familie mit gelebter Tradition an der Spitze des Staates zu wissen.

Die zukünftigen Königinnen und Könige Europas sind heute noch Teenies oder gar Kinder. Estelle von Schweden, Ingrid von Norwegen, Christian von Dänemark, Elisabeth von Belgien, Leonor von Spanien, George von England oder Amalia der Niederlande.

Wir und unsere Nachkommen sehen, wie sie aufwachsen, sich entwickeln, sich verlieben, heiraten, Kinder kriegen, gekrönt werden, regieren und irgendwann, eines fernen Tages, die Erde wieder verlassen. Das schafft enormes Vertrauen und eine hohe Identifikation. Die Herrscherhäuser sind uns wie Kinder, Eltern und Großeltern.

Und im besten Fall spannt eine Königin wie Elizabeth II. von England mit ihrem Leben für uns eine Brücke über ein schwieriges Jahrhundert. God save the Queen.

GENEALOGISCHE GRUNDLAGEN DES BOULEVARDS

Kriegen Sie jetzt bitte keinen Schreck, aber einmal muss es ja gesagt werden: Die sieben regierenden europäischen Königshäuser sind alle miteinander verwandt. Mal mehr, mal weniger eng.

Die Bernadottes in Schweden mit den Oranien-Nassaus in den Niederlanden. Die Bourbonen in Spanien mit den Schleswig-Holstein-Sonderburg-Glücksburgs in Dänemark. Die Sachsen-Coburgs-Gotha aus Belgien sind ihrerseits verwandt mit den Windsors in England, die wiederum eigentlich genauso heißen wie die Belgier. Der Familienname der englischen Könige wurde erst nach dem Ersten Weltkrieg von Sachsen-Coburg-Gotha in den hippen Künstlernamen Windsor umgewandelt. Man hätte sich auch Harrod's, Burberry, Landrover oder schlicht »The

Beatles« nennen können. Die Windsors sprechen ja auch von sich selbst spaßeshalber gerne als »die Firma«. Wobei, streng genommen, Königin Elizabeth ja nach der Hochzeit mit Philip eigentlich Mrs. Schleswig-Holstein usw. heißen müsste?

Besonders kosmopolitisch geht es auf dem royalen Parkett in Oslo zu. Die Norweger gehören zwar ebenfalls zum Haus Schleswig-Holstein-Sonderburg-Glücksburg, übrigens eine Nebenlinie des Hauses Oldenburg, sind mit allen aber noch enger verwandt als der ganze royale Rest Europas.

Denn bis 1905 gehörte Norwegen ja noch zu Schweden. Ein Enkel des damaligen dänischen Königs Christian IX. wurde schließlich Monarch in Norwegen. Erst seit 1991 regiert mit Harald V. ein waschechter und im Lande geborener Wikinger.

Kein Herrscherhaus stammt im Übrigen aus dem Land, welches es regiert. Die Schweden und die Spanier kamen ursprünglich mal aus Frankreich. Die Belgier, die Luxemburger, die Engländer, die Dänen und die Norweger stammen wegen ihrer oldenburgischen, nassauischen und sächsisch-coburgischen Ahnherren ursprünglich aus Deutschland. Die Niederländer setzen dem Ganzen als hessische Holländer aus der Provence die Krone auf.

Ja, und wie verwandt sind die denn nun alle genau miteinander?

Ein anschauliches Beispiel: Griechenland besitzt zwar seit 1974 keine Monarchie mehr, aber das ehemalige Herrscherhaus gehört wie die Dänen und Norweger zum Haus

Schleswig-Holstein-Sonderburg-Glücksburg. Die Familie aus Athen ist heute eine Art familiäres Bindeglied zwischen allen modernen Fürstenhäusern.

Exkönigin Anne-Marie von Griechenland ist nicht nur die Schwester der amtierenden dänischen Königin Margrethe, sondern in Personalunion auch die Schwägerin der ehemaligen Königin von Spanien, Sophia, einer gebürtigen Prinzessin von Griechenland. Somit ist Anne-Marie auch die Tante des derzeitigen spanischen Königs Felipe. Allerdings ist Tante Anne-Marie auch eine Cousine des Schwedenkönigs Carl Gustav und angeheiratete Nichte von Queen Elizabeth. Der Großherzog von Luxemburg Henri und der König der Belgier Philippe, übrigens direkte Cousins, sind wiederum Großneffen der Griechin. Für den holländischen Herrscher Willem-Alexander ist sie eine Art Ur-Großcousine zweiten Grades. Können Sie mir noch folgen? Die meisten europäischen Monarchen stammen heute jedenfalls aus den Familien Schleswig-Holstein usw. und Sachsen-Coburg-Gotha.

Heute heiratet man allerdings nicht mehr wie früher untereinander Prinzen und Prinzessinnen, sondern der Trend geht bevorzugt zu den sogenannten »Bürgerlichen«. Die zukünftigen Königinnen in Europa sind ehemalige Werbefachfrauen oder PR-Strateginnen. Die kommenden Prinzgemahle waren mal Fitnesstrainer oder Banker. Mittlerweile darf man eben heiraten, wen man mag, und nicht, wen man muss. Das macht die Herrscherhäuser volksnäher. Dereinst waren langfristige Friedenssicherung und knallharter Machterhalt die Leitmotive für eine standesgemäße Heirat.

Vor allem die Dänen waren auf eine überaus kluge Heiratspolitik bedacht. Erfunden haben diese Hochzeits-diplomatie allerdings weder die Dänen noch die Schweizer, sondern die glücklichen Österreicher. Der Wahlspruch der Habsburger lautete: Bella gerant alii! Tu, felix Austria, nube! Kriege mögen andere führen, Du, glückliches Österreich, heirate!

Und ab in die Flitterwochen, möchte man hinzufügen. Die Österreicher flitterten ab dem Mittelalter für einige Jahrhunderte durch und erweiterten so ihren Herrschaftsbereich und ihr Territorium konsequent. Kein Thron in Europa, auf dem nicht irgendein buckliger Verwandter der Wiener saß. Na, küss die Hände!

Als Großmutter des modernen Europas gilt allerdings Königin Victoria von England.

Her Majesty hatte sage und schreibe 40 Enkel und 88 Urenkel. Die Herrschaften wurden allesamt nolens volens in die nobelsten Familien des alten Kontinents verheiratet. Durch die Nachkommen aus diesen Verbindungen ist Victoria Urahnin für fast alle heutigen europäischen Monarchen. Das sollte der Friedenssicherung dienen. Bereits im Ersten Weltkrieg scheiterte diese Art der Familienpolitik aber kolossal. Die Front verlief quer durch die Sippe.

Königin Elizabeth II. von Großbritannien, König Harald V. von Norwegen, König Carl XVI. Gustaf von Schweden, König Felipe VI. von Spanien, Königin Margrethe II. von Dänemark, der ehemalige König von Griechenland Konstantin II. und der ehemalige König von Rumänien Michael I. sind alle direkte Nachfahren von Victoria.

Irgendwie müssen die Dänen im Jahre 1863 von dem drolligen Just married-Motto von Vicky Windsor Wind bekommen haben. Jedenfalls wurden im Frühjahr jenes Jahres von Schloss Amalienborg in Kopenhagen aus die ersten zarten und diplomatischen Bande in die britische Hauptstadt zum Buckingham-Palast geklöppelt. König Christian IX. von Dänemark war auch ein kluger Ehestifter und trägt deshalb bis heute den Ehrentitel »Schwiegervater Europas«.

Seine Tochter Prinzessin Alexandra wollte er zu gerne an der Seite des britischen Kronprinzen Edward sehen.

Der gute Christian verfolgte nach der Niederlage im Krieg gegen Preußen und Österreich im Jahre 1864, ähnlich wie Victoria, eine konsequente Neutralitäts- und Friedenspolitik. Die Gebiete Schleswig, Holstein und Lauenburg hatte er unwiderruflich an Preußen und Österreich abtreten müssen. Das war besonders schmerzhaft, da es sich bei dieser Region um das Stammland der Dynastie handelte.

König Christian begann nun also damit, engste Kontakte zu den anderen europäischen Herrscherhäusern zu knüpfen. Seine sechs Sprösslinge verkuppelte er so geschickt in die erlauchtesten Kreise des Hochadels. Und was für glänzende Partien die Dänen-Kinder da so machten! Jedes dieser eingefädelten Techtelmechtel war politisch höchst sinnvoll.

König Christian war somit der Vater der englischen Königin Alexandra, des griechischen Königs Georg, der russischen Zarin Maria Fjodorowna und Kronprinzessin Thyra von Hannover. Sein Sohn Kronprinz Frederik wurde zum Schwiegersohn des Königs von Schweden und Norwegen. Der jüngste Sohn Waldemar wurde zum Schwiegersohn des Prätendenten auf den französischen Thron. Oh, du glückliches Dänemark! Oder wie ging die zweite Zeile des Habsburger Mottos noch? Nam quae Mars aliis, dat tibi regna Venus! Denn was anderen der Mars, Herrschaft der Venus ist dir's!

WARUM ICH ENGLANDS »KÖNIGSPINGUIN« ECHT VERMISSEN WERDE

Liebe GALA-Freunde, liebe Leserinnen,

kann man als Kolumnist Lampenfieber haben? Ich schon!

Seien Sie ehrlich: Das Letzte, was Sie über mich gehört haben, war vermutlich, dass ich den Bundespräsidenten von der SPD für die CDU mitwählen durfte, ganz schön »moppelig« geworden bin und heimlich einen gewissen Nils oder Ole geheiratet haben soll. Ich bin aber auch spannend, gell? Mir schmeckt's nun mal. Und die »Ehe« hat meinen Appetit nicht wirklich gezügelt.

Da sage ich kürzlich zu meiner zweitbesten Freundin Gudrun, als sie gerade an einem Gläschen Weißweinschorle nippt: »Gudrun! Ich möchte mich noch einmal neu erfinden. Siehst du mich eher als Extremsportler beim Iron Man oder als Abt eines buddhistischen Klosters am Titisee?« Die Antwort schießt nur so aus ihr heraus: »Du liebst Entertainment, stilvollen Klatsch und die Royals! Entweder du schulst um auf Undercover-Butler im Buckingham-Palast – oder du wirst GALA-Kolumnistin!«

Ja, sie hat »Kolumnistin« gesagt. Ohne mit der Wimper zu zucken. Erklärend sollte ich hier vielleicht anfügen: Gudrun ist eine beinharte Gendering-Aktivistin. Von ihr weiß ich, dass Gendering kein Stadtteil von München ist, sondern eine feministische Lebenseinstellung. Insofern ist ein Mann, der in eine Frauendomäne vordringt, in ihren Augen konsequent eine Kolumnistin. Bitte fühlen Sie, liebe Leserinnen, sich auch immer von meinem Gruß »Liebe GALA-Freunde« angesprochen.

Ein Mann in einer Frauendomäne – da bin ich doch schon bei der Königsdisziplin: Let's talk royal!

Ich kann mich einfach nicht an den Gedanken gewöhnen, dass er, der so lange Schirmherr oder mindestens VIP-Mitglied von fast 800 Organisationen war, nach 65 Dienstjahren aufhören will. Seine königliche Hoheit Prinz Philip, der Gemahl der Queen, Extra-Ritter des nobelsten Ordens der Distel, nimmt keine offiziellen Termine mehr wahr. Zwar hat man im Moment den Eindruck, ihn häufiger denn je zu sehen, doch mit 96 wird er wirklich Rentner. Seine Frau geht aber weiter arbeiten. Sie hat schließlich vor Gott einen Eid darauf abgelegt, ihren Job das ganze Leben lang zu machen.

Was Philip betrifft: Vielleicht verleihen die Briten dem Prinzgemahl doch noch den Titel eines Königs? So als Goodie? Ich finde, er braucht das nicht. Ihm zu Ehren wurde längst der Prinz-Philip-Gletscher in der Antarktis benannt. Man hat ja fast den Eindruck, die Pinguine tragen extra für ihn Frack! Und auf der Pazifikinsel Tanna wird Philip gar als lebende Gottheit verehrt. Dem Mythos zufolge verließ einst der Sohn des Berggeistes die Insel, um jenseits des Meeres eine mächtige Frau zu ehelichen …

Eine Frage quält mich: Wer soll Philips Termine übernehmen? Die sehr schmalen Schultern von Herzogin Kate können ja nicht alles tragen, und Prinz Harry ist derzeit blind vor Liebe, da herrscht Stolpergefahr. Also: Wer ist weltgewandt und dazu noch geübt im Einweihen? Costa Cordalis!

Der gebürtige Grieche und gelernte Dschungelkönig hat sich bereits bei der Eröffnung unzähliger Möbelhäuser bewährt. Er ist zwar kein Gott, dafür tanzt er wie einer.

Um hier noch mal auf mein Premieren-Lampenfieber als Kolumnist zurückzukommen: Es kribbelt immer noch im Bauch. Doch jetzt ist es einfach ein wunderschönes Gefühl.

Ich drücke Sie!
Ihr Hape Kerkeling

ZWISCHEN ZUCKERSCHNUTEN UND SCANNER-PIEP: DER WAHRE HÄRTETEST DES LEBENS

Ob Lady Gaga, Angela Merkel oder Caitlyn Jenner – an einem Ort werden alle auf Normalmaß geschrumpft: im Supermarkt. Nur in der Schlange vor der Kasse (und vielleicht noch in der Sauna) erfüllt sich die Forderung der Französischen Revolution. Dort sind wir wirklich alle gleich.

Wenn die späte Jungmutter vor mir, mit einer bis zum Anschlag gefüllten Shopping-Karre, verzweifelt versucht, ihre quengelnden Zuckerschnuten in Schach zu halten, bin ich im Härtetest des Lebens angekommen. Während die Kleinen gierig nach – freundlicherweise auf Kinderaugenhöhe drapierten – ungesunden Klebrigkeiten schnappen, beginnt man zu erahnen, was »Engelsgeduld« ist. Heidi Klum hätte sicher kein Foto für die armen

Moms. Leider besitze ich persönlich nicht die autoritäre Ausstrahlung des deutschen Topmodels. Mein Mantra lautet stattdessen: Ich wäre gern die Ruhe selbst, wenn die Welt um mich herum im Chaos versinkt.

Dabei kaufe ich ja schon wohlweislich immer das Gleiche ein, damit es zügig läuft. Ich kann blind in die Regale greifen. Tomaten, Äpfel, Eier, H-Milch, Mozzarella, Leberwurst, Corned Beef, Gewürzgurken, Schwarzbrot, Cola, Shiraz. Weil nicht jeder den Inhalt meines Wagens unverhohlen checken soll, werfe ich eine alte Hundedecke über die Waren. Okay, zumindest im Geiste. Generell bin ich in den Gängen einfach gern schnell durch. Es kommt ja noch als Knaller die Kasse!

Seit der Renaissance hat sich dort wenig geändert. Abgesehen von Scan und Payback. Payback klingt bedrohlich, »zurückzahlen« wie »heimzahlen«. Kann die Politik da nicht was machen? Unserer Kanzlerin geht es doch beim Shoppen – die täglichen Einkäufe macht sie gern mal selbst – auch nicht anders. Gut, sie ist an der Kasse von durchtrainierten Bodyguards umringt. Bei diesem Anblick sind Kids sofort still. Oder sie schreien noch mehr.

Wenn ich das Kassenlaufband erreicht habe, wird wie bei »Dalli Dalli«, der TV-Show aus den Siebzigern, mächtig aufs Tempo gedrückt. So schnell, wie die Waren mir nach dem Scanner-Piep entgegengeschleudert werden, kann ich nicht einpacken. Null Chance. Und wie wird erst die alte Dame hinter mir im Wettrennen mit der Kassiererin abschneiden? Soll ich bleiben? Großmütig helfen? So viele Fragen! Aus reinem Zeitdruck landen in meinem

Jutebeutel die Eier direkt auf den Tomaten und die Cola-Flasche auf der streichzarten Leberwurst. Es geht drunter und drüber. Warum gibt's die helfenden Hände vom Packservice eigentlich nur zur Weihnachtszeit?

Meine zweitbeste Freundin Gudrun ist kinderlos und kampferprobt und hat ihre persönlichen Schlüsse gezogen. Bei einem Gläschen Prosecco sagt sie: »Ich gehe nicht mehr monokausal in den Supermarkt.« Ich stutze. Das klingt klug! Aber was meint sie? »Wie meinst du das?«, getraue ich mich zu fragen. Gudrun: »Ich kaufe auf Vorrat ein, da muss ich nicht so oft hin. Mein Tipp für dich wäre aber eine sympathische Schwuppe, die ich kenne. Der macht jetzt auf Personal Shopper.«

Kommt mir nicht in die Tüte. Personal Shopper klingt anzüglich. Da gehe ich lieber online einkaufen. Das ist weit genug weg vom Wahnsinn. Bei meinem letzten Supermarktbesuch erscholl irgendwann der Ruf: »Frau Siebert, Storno!« Danach drückte man viele Tasten, immer verzweifelter. Erst weit nach Sonnenuntergang konnte ich, gemeinsam mit der übermüdeten alten Dame aus der Schlange, durch die sich selbst öffnende Glastür in die Freiheit treten. Spontan umarmten wir uns.

KOMMISSAR ZUFALL
UND DIE FABELHAFTE WELT
DER MERYL STREEP

Ich bin heute ehrlich gesagt besonders aufgewühlt. Da gerät doch tatsächlich Meryl Streep am Airport von Newark in die verschärfte Terrorkontrolle. Meryl Streep! Die beste Mimin der Welt! Die im Kramer-gegen-Kramer-Drama mit einem kleinen, feinen Abschiedswinken vermittelte, was Liebe und Loslassen bedeutet. Und mit der wir im Kino alle mitgetanzt haben, als sie zu Abba-Songs die pure Freude am Leben feierte …

Mamma mia – ich merke, ich gerate ein wenig ins Schwärmen! Dabei wollte ich mich doch gepflegt echauffieren.

Newark also. Kurz zur Einordnung: Newark klingt wie New York und liegt auch gleich daneben, ist von seiner Bedeutung her aber im Vergleich zum Big Apple nur ein winziges Apfelkernchen. Dafür wird dort am Flughafen saftig kontrolliert. Angeblich haben sie Meryl Streep, die ja neben ihrer schauspielerischen Genialität auch einfach nur eine freundliche, inzwischen etwas ältere Dame ist, per Zufallsprinzip für den Extra-Check herausgepickt. Echt jetzt? Kommissar Zufall? Flugsicherheit als Sechser im Lotto?

Wenn bei Meryl der Metalldetektor Alarm schlägt, dann doch höchstens, weil sie wieder mal einen Oscar nach Hause trägt. Das Wachpersonal der »Transportation Security Administration« jedoch demonstrierte an ihr, was man alles draufhat. Generalverdacht bei Rentnern, Babys und eben Meryl Streep, der man so penibel wie sinnentleert an die Wäsche ging.

Demnächst winkt man wahrscheinlich in Düsseldorf die Kegelfrauen aus Gummersbach raus – gebucht nach Palma de Mallorca, für ein beschwingtes Wochenende –, weil sie als potenzielle Gefährderbande gelten. Ich finde, wer alles und jeden kontrollieren will, der verliert den Blick fürs Wesentliche. Sicherer wird die Welt dadurch nicht.

Zugegeben: Es gibt Leute, die sehen einfach verdachtiger aus als andere. Meine zweitbeste Freundin Gudrun zum Beispiel. Sie wurde von der Flughafen-Security schon mehrfach zum Extra-Check gebeten und berichtete mir glaubhaft: »Die haben mich an Stellen angefasst, von denen ich nicht mal wusste, dass ich sie habe.« Ich bin sehr froh, dass Gudrun bislang all das hinnahm, ohne mit der Wimper zu zucken. Könnte auch mal ganz anders enden.

Sie liebt Meryl Streep übrigens besonders als »Die Eiserne Lady«.

Die gute Nachricht für Meryl Streep nach dem Newark-Check: Sie wurde nicht als Risiko für die nationale Sicherheit eingestuft, obwohl sie ja bei jeder Gelegenheit Präsident Trump kritisiert. Das hat sie sicher gefreut. Dann hat man so ein Urteil endlich mal von offizieller Seite.

Gott, was bin ich froh, dass kürzlich am internationalen Flughafen von Los Angeles, dem Airport, dem die Stars vertrauen, das neue VIP-Terminal eröffnete! Dort ist alles entspannt, als Begrüßungssnack wird frisch geröstetes Seegras gereicht, und ein Limo-Service bringt die Gäste direkt die paar Meter zum Flieger. Das Ganze für 7500 Dollar im Jahr. Gut, die Kegelfrauen und ich werden wohl nicht in den Genuss dieses Vergnügens kommen. Aber für Frau Streep wäre das doch was!

Allerdings: So bodenständig, wie meine Lieblingsschauspielerin ist, hält sie solchen Schnickschnack vermutlich für völlig überflüssig.

VIEL TAMTAM UM PAM ODER:
WARUM APFELSINEN SEXY MACHEN

Pamela Anderson – die Frau, die über sich selbst sagt: »Meine Brüste hatten eine fabelhafte Karriere, ich bin da immer nur mitgetrottet« – feiert runden Geburtstag. Happy Birthday, meine liebe Pam!

Bitte wundern Sie sich nicht über meinen vertraulichen Ton. Man kennt sich aus Beverly Hills. Weltstars unter sich. Quasi. Aber dazu später mehr.

Mit Pam ist das ja so eine Sache. Stichwort: unterschätzte Menschen. Als »Baywatch«-Nixe raubte sie pubertierenden Jungs den Schlaf, wirkte dann in Kino-Schinken wie »Scary Movie« mit. Es gäbe reichlich Gründe, das Busenwunder in die Trash-Ecke zu stellen. Ich finde, man sollte sich Pam genauer anschauen. Jetzt nicht auf Pin-up-Fotos, mehr inhaltlich. Sie sagt: »Ich kann die Leute immer noch überraschen.« Stimmt. Das war bei ihrem Vorbild Marilyn Monroe ähnlich: lange belächelt, heute eine Ikone.

Hollywood-Insider munkeln, dass Pam sich nun ernsthaft aufs Charakterfach vorbereitet. Überhaupt ändert sie mit 50 ihr Leben. Die Veganerin eröffnet dieser Tage in Südfrankreich ein fleischfreies Pop-up-Lokal. Ich kann das gut nachvollziehen. Also nicht das Fleischfreie, aber alles andere. Mit 50 verspürte ich keine Lust mehr, beim RTL tanzende B-Promis anzusagen. So schön die Zeit mit Nazan und Herrn Llambi auch war.

Was das Emotionale betrifft, läuft es bei Pam gerade irre international. Die amouröse Anbahnung der Kanadierin ist der Australier Julian »Wikileaks« Assange, der in London in Ecuadors Botschaft lebt, weil er ein Staatsfeind der USA ist ... Pam möchte, dass er wieder unbehelligt in Freiheit leben darf. Darüber will sie in ihrem Restaurant gern mit Politikern wie Präsident Macron reden. Bis Julian frei ist, besucht sie ihn in der Botschaft. Und welcher eingesperrte Mann würde sich nicht freuen, wenn sie ohne Büstenhalter unterm engen Kleidchen heranwippt.

Meine zweitbeste Freundin Gudrun ist, obwohl Frauenrechtlerin, ein Fan von Pam. Bei einem Aperol Spritz unterm schwülen rheinischen Himmel verriet sie mir: »Als Tierschützerin hat Pamela mich überzeugt. Deshalb hab ich doch jetzt in meinem Polo statt Leder diese Sitzbezüge aus Hanf!!!«

Aber ich wollte Ihnen ja von meiner Weltstar-Begegnung erzählen. Ich war als Siggi Schwäbli in Beverly Hills mit Pam zum Interview verabredet. In der Suite mit Ocean

View ging's gleich los – das Vorbereitungs-Tamtam in ihrem Team. Fragen zu Ehen und Haustieren seien verboten, erfuhr ich. Eine Kostümbildnerin drapierte auf dem Sofa Kissen für unterm Po, damit Pams Dress fluffiger fällt. Die Hair-Stylistin drehte hysterisch an der Aircondition. Und ein Schmuckdesigner, fasziniert von der eigenen Bedeutsamkeit, breitete auf dem Bett an die 20 Ketten aus. Ich kam mir vor wie im Basar.

Dann erscheint Miss Anderson. Sie lächelt, greift sich die schlichteste Kette, nimmt mit wehendem Haar lässig Platz, redet charmant über Ehen und Haustiere. Spontan machen wir einen Apfelsinen-Engtanz. Easygoing!

Eine Frage kann ich mir nicht verkneifen: »Am I sexy, Pam?« Ohne zu zögern, antwortet sie: »Of course! You got attitude!«

Auf Julian Assange gemünzt, erklärte sie jüngst: »Ein Mann sollte Überzeugungen haben und den Mut, zu ihnen zu stehen. Das ist sexy.«

Es geht also schlicht und ergreifend um Haltung. Und ich glaube, das gilt nicht nur für Männer.

SO MERKELTE DIE KANZLERIN
EINEN ZWEITEN MAUERFALL AUS.
UND WAS BEATRIX
DAMIT ZU TUN HAT

Manchmal sind es recht drollige Formulierungen, die den Lauf der Welt unerwartet verändern: »Ich möchte die Diskussion mehr in die Situation führen, dass es eher in Richtung einer Gewissensentscheidung ist, als dass ich jetzt per Mehrheitsbeschluss irgendwas durchpauke.«

Mit diesen lapidaren Worten stellte Bundeskanzlerin Angela Merkel in einem Podiumsgespräch der Frauenzeitschrift »Brigitte« die Weichen für die Einführung der »Ehe für alle«. Ohne Pathos oder Aufregung, im Plauderton, als handle es sich um ein Backrezept für Vanillekipferl.

Dabei ist es doch ein ziemlich großes Ding. Ein zweiter Mauerfall. Die letzte große Hürde vor der Gleichstellung kippt doch tatsächlich in einem leicht verunglückten Nebensatz der Kanzlerin. Der Kolumnist singt und springt vor Freude: »Mutti ist die Beste!«

Wobei mir – ein bisschen kritt_l_n muss ich schon – das Wort »Gewissensentscheidung« in diesem Zusammenhang etwas zu pathetisch klingt. Es geht ja nicht um den Atomausstieg. Die »Ehe für alle« gibt es ja gottlob mittlerweile in dreizehn europäischen Staaten, Vorreiter waren 2001 die Niederlande. Der Kolumnist korrigiert sich: »Königin Beatrix ist die Beste!«

In Deutschland hinken wir also fast zwanzig Jahre hinterher! Sage und schreibe dreißig Mal wurde der Antrag bis heute im Deutschen Bundestag abgelehnt. Aller guten Dinge sind neuerdings 31!

Unter uns: Mir persönlich hat diese sogenannte »Verpartnerung« als Kompromiss nie geschmeckt. Ich habe mich immer gefragt: Wieso kriegen eigentlich die Heteros die Butter und die »Schwuppen« nur die Margarine?

Jetzt hat Frau Merkel der SPD genau diese Butter vom Brot genommen. Verpartnerung!? Wer hat sich dieses Unwort eigentlich ausgedacht? Der Verband der ostfriesischen Bullenzüchter oder die Kaninchen-Freunde Grevenbroich? Selbst die Autokorrektur auf meinem Laptop weist dieses Wort als Fehler aus.

Übrigens: Im Jahre 2015 legalisierte der Oberste Gerichtshof der USA die Ehe zwischen gleichgeschlechtlichen Partnern in allen fünfzig Staaten.

Als ich meine zweitbeste und weltoffene Freundin Gudrun bei einem Gläschen sehr trockenen Martini auf ihrer Bangkirai-Terrasse frage: »Sag mal, ab wann gilt denn diese Ehe für alle eigentlich?«, antwortet sie mit feuchten Augen: »Das tritt nach meiner Kenntnis ... ist das sofort, unverzüglich« und guckt mich dabei so verdattert an wie 1989 am Abend der Maueröffnung der olle Schabowski die perplexe Weltpresse.

Nun ist die Entscheidung für die völlige Gleichstellung im Bundestag gefallen. Am 30. Juni 2017. So wie – auf den Tag genau – vor zwölf Jahren in Spanien. Die Stimme der Kanzlerin war leider nicht dabei. Auch wenn sie vielleicht taktieren kann wie Churchill, bleibt sie doch so rätselhaft wie Mata Hari.

Ich persönlich freue mich jetzt schon auf meine zweite, echte Trauung mit allem Schischi, Tamtam, einem Orchester mit Ballett und zwei Blumensträußen. So wie wir eben sind. Dass ich das noch erleben darf!

WARUM WIMBLEDON AUCH FÜR SPORTMUFFEL VERGNÜGLICH IST

Sport ist nicht so ganz meine Welt. Nein, sorry, das war gelogen. Es muss heißen: Sport ist nicht meine Welt. Wenn ich mich überhaupt für eine Körperertüchtigung begeistern müsste, dann wäre es gewiss das Eisstockschießen. Ist mir jedoch zu glatt. (Leider wird dort aus Prinzip nicht gestreut.) Selbst das orientalische Kamelreiten, eine Sitzsportart, bei der eindeutig das Tier die Hochstleistungen erbringt, ist mein Fall nicht. (Dort wird mir zu viel Sand gestreut.) Meine Lieblingssportarten bleiben nun einmal Billard und Mau-Mau. Gesellschaftlich gesehen haben die leider null Relevanz. Allein Prinz Harry würde ich eine gewisse Begeisterung für diese Randsportarten zutrauen. Hatte ich schon mal erwähnt, dass Harry und ich Facebook-Freunde sind!?

Tja. Und mit diesen knappen Worten könnte ich an dieser Stelle, mit einem fetten Ausrufezeichen dahinter, meinen schönen Kolumnisten-Gemischtwarenladen für diese Woche auch schon wieder schließen. Aber zum Glück gibt es ja diese schräge Insel in der Nordsee, wo verrückte Sportbegeisterung und der Grundsatz »no sports« gleichwertig nebeneinanderstehen. Das ist meine Welt.

Ob Pferderennen in Ascot oder das Rasenturnier von Wimbledon – hier verbinden sich herrlich britisch Tradition und Moderne und haben auch noch jede Menge Spaß miteinander. Beide Events haben darüber hinaus mit Sport in etwa so viel zu tun wie ich höchstselbst.

Dafür ist es wunderbar bunt, man trinkt das eine oder andere leckere Gläschen, und es gibt ja so viel zu gucken: zum Beispiel auf dem Centre Court eine Flugameiseninvasion. So manch gefülltes Champagnerglas und so einige Hochsteckfrisuren gerieten in die Einflugschneise. Wie gut, dass die Herzogin von Cambridge dort mit neuem Haarschnitt saß. Der Laie würde sagen: etwas kürzer und mit Stufen drin. Der Kolumnist sagt: Ihre königliche Hoheit trägt jetzt einen Long Bob.

Übrigens: keine ungewöhnliche Wahl für angehende Herrscherinnen, denken wir nur an Kleopatra und ein paar Epochen später Jackie Kennedy. Im Moment ist dieser Hair-Style so hip wie seinerzeit die üppige Vokuhila-Matte, die Andre Agassi in den Achtzigern mit nach Wimbledon schleppte. (Ist es die jeweilige Zeit, die die Frisuren prägt, oder umgekehrt? Mit Andre Agassis strohgelber

Haarmähne kam ein goldenes Zeitalter, geprägt von Luxus, Wirtschaftsboom und Mauerfall.)

Die Herzogin, der sympathische Sparfuchs, trug übrigens ein schwarz gepunktetes Kleid im Dalmatiner-Look von Dolce & Gabbana. Ein Schnäppchen. Von 1530 auf 990 Pfund reduziert. Und die dazu passende Handtasche trug sie schon im zweiten Jahr. Sie wird sich ja nicht die gleiche Tasche noch einmal gekauft haben.

Woher ich das alles weiß? Von meiner zweitbesten Freundin Gudrun. Kein einziges Wimbledon-Match verpassen wir. Letztens sitzen wir bei einem Glas Holunder-Schaumwein wieder vor dem Fernseher, Gudruns Kopf bewegt sich aufgeregt hin und her, und sie zählt laut mit. Leicht irritiert frage ich: »Gudrun, zählst du die Aufschläge?« »Nein, die Promis!« flötet sie ertappt in ihre Schaumweinschale. Demnächst kommt noch eine dazu. Wenn Meghan Markle, Freundin von Prinz Harry, mit ihm gemeinsam auf der Tribüne säße, das wird spektakulär!

Ob Harry wohl seine Facebook-Freunde zur Hochzeit einladen wird? Und habe ich eigentlich erwähnt, dass es in Wimbledon um Tennis geht?

WENN MÜTTER (IHRE KINDER) AUF ECHTE EINHÖRNER SETZEN

Bevor das Römische Reich unterging, machte sich eine beinahe ulkige Dekadenz breit. Zum großen Showdown des Imperiums wurden gebackene Flamingozungen gereicht, und dem Karpfen im hauseigenen Teich tackerte man Goldohrringe an die Kiemen. Just for fun. Die spinnen eben, die Römer.

So anders ist das heute gar nicht. Wer vom großen Aufmerksamkeitskuchen sein Stück abhaben will, der muss möglichst schrill auftreten. Ein gestraffter Freiluft-Busen (meistens ein wohlgeformtes Silikonsäckchen aus China) reicht nicht mehr auf dem roten Teppich. Na, jeder Jeck ist anders, wie der Rheinländer sagt.

Der kinderlose Kolumnist verliert allerdings seinen Mutterwitz, wenn es um die Sprösslinge der VIPs geht, die mit fragwürdigen Aktionen ins Rampenlicht gezerrt werden.

Tamara Ecclestone überraschte uns mit einer besonders bizarren Aktion: Die Dame ist im eigentlichen Sinne übrigens keine Prominente, sondern »Tochter von« Formel-1-Milliardär Bernie Ecclestone, sieht aber im Gegensatz zu ihrem griesgrämigen Dad einfach bombig aus. Besagte Lady ließ ihre Tochter auf einem »echten« Einhorn reiten und stellte Fotos davon ins Netz. Nun mag ich ja in Biologie nicht besonders gut aufgepasst haben, aber dass es Einhörner »in echt« nicht gibt, weiß auch ich. Worauf saß also der kleine Ecclestone-Spross? Nun, das Einhorn war ein weißes Pferd, dessen Mähne extra in Rotpink eingefärbt wurde. Und auf dessen Kopf ein, klar, rotpinkes Horn gepfropft wurde. Ach, ich male mir gerade aus, wie die Kleine demnächst in der Vorschule behauptet, Einhörner gebe es wirklich. Mrs. Ecclestone hat über den pädagogischen Nutzwert wohl nicht nachgedacht. Aber es gibt ja die Kommentarfunktion bei Instagram, in der sie zum Nachdenken über Tierschutz angeregt wurde.

Dieser klebrige Einhornkitsch ist ohnehin ein gruseliges Phänomen. Sie finden, ich rede mich jetzt in Rage! Na, dann schauen Sie mal das zehnminütige Video vom »Pink fluffy unicorn«.

Frau Ecclestone ist übrigens nicht die einzige Mutter, die ein bisschen sehr dick aufträgt, wenn es um das Beglücken der Kinder geht: Harper Seven Beckham durfte ihren sechsten Prinzessinnengeburtstag sogar im Buckingham-Palast feiern. (By the way: Wieso muss übrigens ein Tauf-

name wie ein hippes Mode-Label klingen? Sabine, beispielsweise, war doch in den Siebzigern ein toller Name.)

Mariah Carey wiederum glaubt, ihre Kinder finden es
vergnüglich, wenn sie langwierige Beauty-Treatments bekommen. (Wo bleibt eigentlich Botox für Babys?) Da lobe
ich mir, wie bodenständig die Windsors, Bernadottes und
Bourbonen ihre Kinder erziehen, obwohl die ja sogar qua
Verfassung ein herausgehobenes Leben führen dürfen.

Meine zweitbeste Freundin Gudrun behauptet übrigens, um drei Ecken mit dem schwedischen Königshaus
verwandt zu sein. Gudrun sagte neulich während einer
schmierigen Hyaluron-Behandlung bei unserer Lieblings-
kosmetikerin, während sie an einem Glas trockenen Har-
per-Sevens nippte: »Meine Schwipp-schwapp-Schwägerin
Victoria würde ihre Tochter Estelle niemals auf ein ver-
kleidetes Nashorn setzen oder ihr ein Sand-Peeling verpassen.« Dann machte sie ein Foto von unseren knallroten
Gesichtern und postete es auf der Seite von Frau Carey –
mit dem wohlwollend-mahnenden Kommentar: »Contenance, meine liebe Mariah!« Ich habe meine Zweifel, ob
sie mit ihrem royalen Impetus zur Adressatin durchzudrin-
gen vermochte …

MALEDIVEN, ADRIA, LANGEOOG – VON MÜCKEN UND ANDEREN TÜCKEN IM SOMMERURLAUB ODER: DIE FAST PERFEKTE SOMMERFRISCHE

Kennen Sie diese kindliche Vorfreude?

Wenn die Sehnsucht nach der ultimativen Sommerfrische erwacht, die uns rundum entspannen, erfrischen und bräunen möge?

Vorm geistigen Auge entsteht ein menschenleerer, puderweißer Traumstrand. Im gepolsterten Liegestuhl rekeln wir uns wie Kate Moss, Pippa oder Cristiano Ronaldo und schmökern entspannt in der GALA. Der Partner und die Kinder sind ebenfalls herrlich relaxt, unendlich dankbar und heiter. Und das Hotel ist natürlich eine Wucht. Selbstverständlich spielen auch das Wetter und der Weltfrieden mit. Peace, Pleasure und Planschbecken!

Machen wir uns doch nichts vor: In Wahrheit läuft es ganz anders.

Die aktuelle GALA hat der Partner blöderweise im Flugzeug liegen lassen. Deshalb muss man jetzt am Strand mit einem Inga-Sandström-Roman vorliebnehmen. Wahlweise »Liebe am Höllerda-Fjord« oder »Polarwölfe küssen kaltschnäuzig«. Die Kinder streiten, der Partner schnarcht, genauso wie die meisten der – unzähligen – Leute um einen herum, ohne einen Hauch von Hollywood-Appeal. Der Strand selbst ist gräulich statt weiß. Macht aber nichts: Hinter der vernebelten Sonnenbrille erkennt man das ja eh nicht so genau. Der Wind bläst aus Nordost, der Sand verkrümelt sich in die Seiten, das Umblättern gerät zur sprichwörtlichen Zerreißprobe. Also startet man zu einem Barfuß-Spaziergang am Meer. Dabei tritt man gleich auf irgendwas Unappetitliches. Hoffentlich nur Kippen …

Und dann die Insekten! Ich kann Ihnen verraten: Letztes Jahr an der schwülen Adria hatten wir zusätzlich zur Mückenplage auch noch Glühwürmchen. Ich dachte: Mist, jetzt kommen die kleinen Biester schon mit Taschenlampen!

Genug gegrummelt. Man kann sich doch eigentlich glücklich schätzen, dass man überhaupt Urlaub machen darf, oder? Merke: Die Erwartungshaltung nicht unendlich hochschrauben! Wer schon mal auf den Malediven war, weiß ohnehin, dass es auf Langeoog mindestens so schön ist.

Am New Yorker Times Square schlenderte vor mir mal ein verliebtes Pärchen aus dem Ruhrpott. Der tätowierte Muskelprotz bleibt plötzlich stehen und sagt zu seiner blondierten Verlobten: »Weiße wat, Birgit, so viel anders

als in Wattenscheid ist dat hier au nich. Wenne mich fragst –
die Amis kochen au nur mit Wasser!« Das ist doch mal
eine gesunde Einstellung.

In meinem nächsten Sommerurlaub, das habe ich mir
fest vorgenommen, werde ich alles richtig machen. In der
ersten Woche entspanne ich in der Hängematte. In der
zweiten Woche fange ich dann eventuell ein bisschen mit
Schaukeln an.

Meine zweitbeste Freundin Gudrun ist ein weit gereis-
ter Holiday-Profi. Gerade kam sie aus Dünabaky zurück.
Zur Orientierung: Das ist in der Nähe von Plodmev. Als
wir uns in unserer Stammkneipe »Wilddieb« auf einen Kil-
lepitsch-Kräuterlikör treffen, frage ich: »Und, wie war's?« –
»Fantastisch!«, schwärmt sie. »Das Essen im Hotel war so
grottenschlecht, dass ich fast zwölf Pfund abgenommen
habe. Herrlich!«

Zur allgemeinen Erheiterung hatte Gudrun noch einen
Witz aus ihrer Sommerfrische im Gepäck: »Was liegt am
Strand und spricht Serbokroatisch? Eine Nuschel.«

Ich drücke sie! Oder wie der Kroate sagt: Moram poci!

KANN BITTE MAL JEMAND BEI NINO DE ANGELO FRISCHEN WIND UNTER DIE FLÜGEL PUSTEN?

Lassen Sie uns offen reden: Wir alle stellen doch gern die großen Fragen des Lebens, erst recht in einem verhagelten Sommer!

Lieben unsere Showbiz-VIPs noch oder betrügen sie schon? Essen sie zu wenig, oder futtern sie zu viel? Auf die letzte Frage würde ich persönlich antworten: Ohne Erdbeer-Joghurt-Schokolade geht gar nichts. Und schwupps hat man sich als »Süßer B-Promi« geoutet …

Aber zurück zum Showbiz, wo mit harten Bandagen gekämpft wird, denn ganz oben ist nur für wenige Platz. So purzelt mancher Stern die Showtreppe, die er mühsam erklommen hat, scheppernd wieder runter. In diesen Tagen kommt einem da zwangsläufig Nino de Angelo in den Sinn. Dazu gleich mehr.

Der Kolumnist will hier nicht unnötig jammern, aber ein sogenanntes Image kann ganz schön nervig sein. Erst lässt man es sich in jungen Jahren ahnungslos aufpfropfen. Dann wird man's nicht mehr los. Witzbold, Ulknudel, Lachnummer, Spaßvogel: Bei diesen – von der Presse sicher nett gemeinten – Titulierungen werde ich immer ganz schnell sehr, sehr müde. Im Laufe von 30 Jahren mutierte ich vom Komiker zum Moderator, vom Schlagersänger zum Dokumentarfilmer, vom Buchautor zum Kolumnisten, feilte an meinem Image. Geholfen hat es wenig. Ein Schelm bin und bleibe ich. Das passt scho', gell?

Ein Image ohne Kratzer gibt es kaum. Nino de Angelos Image hat inzwischen manch derbe Delle. Mitte der Achtziger war er mit »Jenseits von Eden« der Gott im Schlagerparadies. Aber dann ging es los mit den Abstürzen. Immer wenn ich als wohlwollender Beobachter denke, jetzt fängt er sich bestimmt, kommt der nächste. Im »Big Brother«-Keller sprach er mit einer Papiertüte. Und dann diese »Sie schlugen und vertrugen sich«-Ehe. Oder die Faxen im Polizeiwagen, nach der Unfallfahrt. Der Mann hat definitiv einen an der Waffel. So wie jeder Künstler. Doch da gibt es halt feine Unterschiede.

Als gefallener Engel ist Nino de Angelo in illustrer Gesellschaft, zum Beispiel mit Britney Spears oder Mickey Rourke. Die eine hat eindeutig zu jung angefangen, der andere war einfach zu sexy für diese Welt. Beide haben sich mittlerweile wieder berappelt. Britney mit ihrem Vater als Vormund. Sie ist heute die Königin der Las-Vegas-Shows. Und Mickey Rourke gilt seit »The Wrestler« als Charakterdarsteller. Regisseur Darren Aronofsky glaubte an ihn. (Dass ich immer noch skeptisch bin, ob in diesem Film überhaupt Mickey Rourke die Titelrolle spielte oder nicht doch die so wunderbar wandlungsfähige Meryl Streep, das steht auf einem anderen Blatt.)

Braucht man vielleicht per se das Scheitern, um den Erfolg schätzen zu lernen? Der kluge Udo Jürgens sagte einmal zu mir: »Ohne Flops und Niederlagen wird niemand zum Star. Ein Star ist jemand erst, wenn er wieder aufsteht.«

Meine zweitbeste, schlageraffine Freundin Gudrun wiederum meinte dazu am überfluteten Ku'damm bei einem Gläschen Swimmingpool mit Rum: »Du, der Nino de Angelo tut mir irgendwie leid. Der hat eine Jahrhundertstimme, aber kein Aas kümmert sich darum.« Lauthals forderte sie: »Wo sind Westernhagen, Campino und die Humpes, wenn man sie mal braucht?! Warum springen die alle nicht über ihren bescheuerten Schatten und schreiben dem Mann einen zweiten Hit?!«

Der Kolumnist schließt sich diesem Appell sanft, aber voll inhaltlich an. Man kann besser aufstehen und zu neuen Höhenflügen starten, wenn einem dabei geholfen wird.

WENN DER WECKER MORGENS WIEHERT: AUCH BEI TRAUMJOBS IST NICHT ALLES GOLD, WAS GLÄNZT

Lokomotivführer oder Leuchtturmwärter, Stewardess oder Tierärztin: Das waren früher die Berufswünsche vieler Jungs und Mädchen. Was für romantische Vorstellungen! Die Computer-Kids von heute wollen Blogger, Mager-Model oder Irgendwas-mit-Medien werden. Klingt vergleichsweise öde und einigermaßen egozentrisch.

Wer hat den Kindern bloß so was eingeredet? Gulp! Da ist wohl meine Generation nicht ganz unschuldig. Dabei gibt es doch auch heute Berufe, die so verlockend geheimnisvoll klingen, als seien sie direkt Grimms Märchenbuch entsprungen.

Believe it or not: Bei den Royals – und damit am Puls der Queen – werden sehr attraktive Jobs vergeben. Ganz zeitgemäß sogar über Onlinebörsen. Unlängst erst wechselte der Privatsekretär Ihrer Majestät. Genau da hätte ich mich gesehen! Leider habe ich die Ausschreibung verpennt. Aber eigentlich habe ich jetzt ja als GALA-Kolumnist ohnehin den besten Job der Welt.

Aktuell fahnden die Royals händeringend nach einem neuen Souschef für die Küchenbrigade im Buckingham-Palast. Sehr dringend brauchen sie einen »Paintings Conservator«, also einen »Gemälde-Erhalter« im St.-James-Palast. Bilder angucken und dafür bezahlt werden: Toll! Einen »Liveried Helper« suchen sie ebenfalls. Klingt gut, Männer in bunten Uniformen sehen immer schnieke aus. Aber was genau machen »livrierte Helfer« denn so den Tag über?

Ein gewisser Jamie, der in dieser Hinsicht bereits Erfahrung hat, berichtet darüber auf der Webseite des königlichen Haushalts. Nach eigenem Bekunden kümmert er sich um die beiden meistfotografierten Pferde der Welt, ist alljährlich in Ascot dabei und – der Haken an der Sache kommt zum Schluss – muss schon morgens um halb sechs zum Dienst antreten. Da bin ich persönlich raus, weltberühmte Pferde hin oder her. Es ist eben nicht alles Gold, was livriert vor sich hin glänzt.

Bleibt die Frage, ob die Bezahlung stimmt. Manche Bedienstete finden Her Majesty quite großzügig. In Windsor dagegen drohten die Schlosswärter gar mal mit Bummelstreik.

Aber Hand aufs Herz: Ist die Nähe zur königlichen Familie nicht bereits Lohn genug und mehr wert als alles Gold der Welt? (Schnief …)

Die Königin hatte übrigens nicht immer ein gutes Händchen fürs Personal. Als die passionierte Hobbyreiterin, selbstredend ohne Eintrittskarte, in den Neunzigern die »Royal Windsor Horse Show« besuchen wollte, also ihre eigene Party, komplimentierte ein ahnungsloser Wachmann sie freundlich, aber bestimmt zum Ausgang: »Sorry, Darling, ohne Ticket kommst du hier nicht rein!« Elizabeth konterte unbeeindruckt: »Ich denke, Sie sollten das gleich einmal überprüfen.« Kurz darauf durfte sie durch. Der Security-Mann hat seine Anstellung übrigens nicht verloren.

Apropos Traumberufe: Meine zweitbeste Freundin Gudrun hat ihren endlich gefunden, wie sie mir jetzt bei einem Glas Royal Stretch mit Kirschlikör am Rande der exklusiven Düsseldorfer Minigolf-Anlage gestand. Nachdem sie aus Altersgründen ihren Job als Golfballtaucherin aufgeben musste, bewarb sie sich nach einem Intermezzo als Wasserrutschen-Testerin bei einer chinesischen Firma und wurde genommen. Sie ist nun Glückskeks-Autorin.

Kleine Kostprobe gefällig? »Lerne zu schweigen, und du merkst, wie viel Müll du redest.«

Ich drücke Sie still!

BESCHEIDENE TURTELTAUBEN ODER: EIN ROMANTISCHER ABEND ZU ZWEIT IM RAMMELVOLLEN VERGNÜGUNGSPARK? LÄUFT!

Der Kolumnist Ihres Vertrauens liebt Promis jeder Couleur. Die wollen doch alle nur spielen! Manche trippeln aufgepuschelt wie Königspudel über die Red Carpets dieser Welt, knattern wie frisierte Mofas irgendwas ins Mikro, Statements, deren News-Wert oft eine mikroskopisch geringe Halbwertszeit hat. Ja, selbst diese Leute mag ich, je nach Tagesform mal mehr, mal weniger. Amüsanter VIP-Klatsch ist der Kitt, der unsere fahrige Gesellschaft zusammenhält.

Am allerliebsten sind mir jedoch jene Berühmtheiten, die immer auf dem Teppich bleiben. Ob der nun rot, lindgrün oder mauve ist. Menschen, die trotz ihres Ruhms wissen, was ein Viertelpfund Butter kostet. Und dass man einen lockeren Knopf festnähen kann, statt das Hemd gleich neu zu kaufen. Stars, die in aller Bescheidenheit ihre zehn Hektar Rasen selbst mähen (lassen).

Das zauberhafte Schauspielerpaar Ryan Gosling und Eva Mendes – seit Jahren liiert und mittlerweile Eltern zweier Kinder – gehört zur zweiten Kategorie. Ihre Zurückhaltung ist legendär, ihre Liebe zelebrierten sie bisher so gut wie nie vor Publikum. Nun gönnten sie sich einen romantischen Abend zu zweit. Und wohin führt der scheue Superstar Gosling seine Liebste aus? In den rammelvollen Vergnügungspark. Mister »La La Land« goes Disneyland. Staun, staun! Mitten ins Auge des Öffentlichkeits-Orkans, in die trubelige Welt der Mickymäuse und eines ständig schnatternden Donalds nebst drei altklugen Neffen. Wobei ich diesen Donald ja trotzdem noch fünf Fantastilliarden Mal sympathischer finde als den anderen, der auch ständig die halbe Verwandtschaft im Schlepptau hat …

Aber wir waren ja eigentlich bei der Open Date Night unserer Turteltauben. Die US-Medien überschlugen sich regelrecht in der Berichterstattung über dieses Ereignis, beschrieben die spektakulären Outfits der Protagonisten. Er: Basecap, Shirt, Jeans, Boots. Sie: auch. Ich sag ja – auf dem Teppich geblieben.

Und auch die Wahl der Liebes-Location war gar nicht mal sooo überraschend, wie ein Blick ins jüngere Hollywood-Geschichtsbuch zeigt. Gosling gehört wie Goofy bei den Disneys zum Inventar. In deren Club machte er mit Britney Spears und Justin Timberlake die ersten Show-Schritte. So gesehen zeigte er jetzt der Frau seines Lebens einfach mal an einem lauen kalifornischen Abend Händchen haltend seine Berufsschule. (Nutzen Sie dieses Fachwissen bitte gern beim Mädels-Talk nach der nächsten Yogastunde.)

Meine zweitbeste Freundin Gudrun verbrachte voriges Jahr – solo – drei unvergessliche Tage im Pariser Disneyland, feierte stilvoll vor den Toren der Stadt der Liebe ihre frisch vollzogene Scheidung. Unter Tränen verriet sie mir bei einem Glas Kaltfront, nachdem sie mir ihr Mitbringsel, einen Stoff-Olaf aus »Frozen«, überreicht hatte: »Es war magisch dort! Ich fühlte mich wie Cinderella! Niemand hat mich angeblökt! Keiner hat mir dazwischengequatscht!« Tja, sie war ja nun auch allein unterwegs. Aber man muss nicht immer den Finger in die Wunde legen.

Am Ende berichtete die US-Presse übrigens noch detailliert, welches Souvenir Ryan Gosling und Eva Mendes gekauft haben: ein Schwert. Aus Plastik. Stumpf und harmlos. In diesen Zeiten sind das wirklich wichtige News.

SÜßER DIE GLOCKEN NIE KLINGEN – ALS ZUR SOMMERZEIT: VON WEIHNACHTSFERIEN IM SOMMER

Laut Statistik leben wir alle zwar immer länger, doch was nützt uns das eigentlich, wenn die Zeit subjektiv immer schneller vergeht? Die Intervalle zwischen Karneval, Ostern und Heiligabend erscheinen kürzer und kürzer. Das Leben flitzt an uns vorbei wie der Schlitten des Weihnachtsmanns.

»Weihnachtsmann?«, werden Sie fragen, »wie kommt er denn jetzt da drauf?« Kann ich Ihnen verraten. Ich bin dieser Tage mit der Fernbedienung versehentlich beim Homeshopping-TV gelandet, und bei denen duftet's längst nach Glühwein und Lebkuchen. Es leuchten die Schnee-mann-Lichterketten, nur 24,90 – inklusive Netzteil. Und bei den Wand-Tattoos kann man wählen zwischen Santa Claus und Tannenbaum. Ich gebe zu: Meine Kinderseele frohlockte plötzlich bei dem ganzen Brimborium und Klingeling. Aber nur kurz.

Für Lady Gaga wäre das alles der blanke Horror. Die ist nämlich Christmas-Muffel. Bei einem Konzert in London machte sie auf der Bühne klar, was sie vom Fest der Liebe hält. Sie brüllte: »Ich hasse Weihnachten!« und biss einem Schoko-Weihnachtsmann den Kopf ab. Eindeutiger Fall von Nikolaustrophobie!

Da hätte es natürlich wenig Sinn, ihr hübsch handge- schnitzte Basteleien aus dem Erzgebirge zu schenken, die man zum Beispiel in einer Hamburger Shoppingmall ganzjährig kaufen kann. In Rothenburg ob der Tauber und Berlin gibt es solche Shops auch. Nach dem Motto »Live like a German« holt sich der gefühlsduselige Ami- Tourist das süße Aroma der Räuchermännchen in seine fade Fast-Food-Hütte.

Weil die Zeit ja wie gesagt rast und sich bestimmt ir- gendwann selbst überholen wird, liegt es auf der Hand, dass manche Leute ihre Weihnachtsfeier schon heutzutage im Sommer veranstalten. Etwa die Jugendfeuerwehr aus Borgwedel in Schleswig-Holstein. Die dazugehörigen Sai- son-Süßigkeiten hatte man ein halbes Jahr lang kühl und dunkel gelagert und dann in Styroporboxen zur Feier auf der Wiese transportiert. Für meine Begriffe eine coole Idee.

Falls Sie jetzt vermuten, ich gehöre zu jenen Menschen, die spätestens ab Anfang August ganz hibbelig auf die ersten Dominosteine im Supermarkt warten: Mitnichten! Die schmecken mir generell nicht. Trotzdem bekomme ich immer wieder welche zum Fest geschenkt von meiner zweitbesten Freundin Gudrun. Wenn wir dann beim Gläschen Eierpunsch auf ihrer roten Ledercouch sitzen, redet sie sich raus, von wegen: Der Weihnachtsmann persönlich habe die Dinger extra für mich unter ihren Tannenbaum gelegt. Netter Versuch, denke ich mir im Stillen. Letztes Jahr fragte ich spontan: »Sag mal, weißt du überhaupt, woher der Weihnachtsmann kommt?« – »Liegt doch auf der Hand«, erwiderte Gudrun mit plötzlich glockenheller Stimme: »Er ist Nordpole!«

Wann ich dieses Jahr Weihnachten feiern werde, weiß ich noch nicht. Aber folgende bulgarische Tradition werde ich garantiert beherzigen: Nach dem Festmahl am Abend wird der Tisch nicht abgeräumt, damit während der Nacht auch die Verstorbenen noch etwas essen können. Weniger Arbeit und damit Gutes tun. Meine Welt. In diesem Sinne wünsche ich Ihnen eine besinnliche Vorweihnachtszeit.

GANZ SCHÖN HELLE, DIESE VIP-ERFINDER! VIELLEICHT NEHMEN DIE SICH MAL DEN FERNSEHER VOR? ODER: DIE TÜCKEN DER TECHNIK

Letztens wollte ich das Licht anmachen. Ich fand das eine prima Idee, weil es draußen schon düster war. Knackpunkt: Ich war auf Reisen, hatte gerade im Hotel eingecheckt und stand nun in der Tür eines mir völlig fremden Zimmers. Die Finger in die Dunkelheit auszustrecken ist eigentlich schon gruselig genug. Spürt man dann beim Abtasten der Wände ständig nur Tapete statt Schalter, wird's zum Slapstick-Thriller. Um es kurz zu machen: Zehn Minuten später kam mir die Erleuchtung. Hände klatschend ging ich ins Dimmer-Zimmer. Ob das Applaus für den Interior-Profi war, der sich das Superdooper-Lichtsystem ausgedacht hat? Bestimmt nicht …

Es ist keineswegs so, dass ich dem technischen Fortschritt gegenüber nicht aufgeschlossen wäre. Im Gegenteil. Ich schaue im Leben immer nach vorn. Und ich bewundere, dass auch berühmte Künstler in Sachen Haus- und Unterhaltungselektronik (bzw. technical consumer goods and digital products) zu millionenschweren Erfindern werden können. Die Kopfhörer des Rapper-Doktors Dre trägt inzwischen ja die halbe VIP-Welt von David Guetta bis Mario Götze.

Allerdings: Technik soll bitte schön einfach funktionieren. Und mit einfach meine ich einfach. Wie konnten sich nur diese Multimedia-TV-Apparate durchsetzen, bei denen man für den flotten Feierabend-Wunsch »Ich schau mal schnell, was gerade läuft« drei Fernbedienungen, Nerven wie Drahtseile und einen Kurzurlaub braucht? Herrje, was habe ich 1980 über meine Großmutter – Gott hab sie selig! – gelacht, als sie mich ernsthaft fragte: »Junge, weißt du, wie die Mainzelmännchen ins Fernsehen kommen?« Heute lautet meine Frage oft: »Wie geht das verdammte Ding überhaupt an?!« Und das ist nicht als Pointe gemeint. In so manchem Hotel musste ich schon die freundliche Haustechnik bemühen.

Als ich ein Knirps war, und wir reden da zeitlich über einen Wimpernschlag der Geschichte, galt der Buntfernseher als das Nonplusultra des Home-Entertainments. Er hatte exakt zwei Funktionen: An/Aus und Programme wählen. Superseriöse Formate wurden erst mal weiter in Schwarz-Weiß gesendet, denn Farbe auf dem Bildschirm empfanden viele Zuschauer als Tingeltangel. Ganz zu schweigen von HDMI oder MHL. So was hätte man seinerzeit vermutlich für künftige Marsmissionen gehalten.

Philosophisch betrachtet begann das Dilemma für mich mit dem Standby. Nicht richtig an, nicht richtig aus. Nicht Fisch, nicht Fleisch. Vielleicht ist das symptomatisch für unsere Zeit?

Meine zweitbeste Freundin Gudrun berichtete mir neulich bei einem Gläschen Amaretto, sie sei jetzt trotz ihrer Neuerwerbung fernsehabstinent. Steif und fest behauptete sie, der Grund sei das schlechte Programm. Ich glaube, sie lügt. In Wahrheit kriegt sie das Ding nicht an.

In einem Anflug von Vergnügungssucht checkte ich im Netz, welche neuen gadgets auf der Berliner IFA präsentiert werden. »The Frame« weckte mein Interesse, schließlich stelle ich mir gern Fotos in schönen Bilderrahmen auf. Denkste! Dieser »Frame« ist ein digital photo device. Mit Multi-Slideshow-Wechselfunktion. Plus TV-Gerät mit Zukunftstechnik … Kurz wurde mir schummrig. Dann klappte ich meinen Laptop zu, strich über meinen Vogelaugenahorn-Bilderrahmen mit einem Lieblingsfoto drin und erfreute mich daran, dass das Glas nicht spiegelt (für mich bis heute ein Wunder der Technik). Ich drücke erst mal keine Fernbedienung mehr. Ich drücke Sie!

EMOTIONALES SOMMERGEWITTER: TRENNUNG TUT WEH.
ABER BARBIE UND KEN ZEIGEN UNS, WIE MAN DAMIT RICHTIG UMGEHT

Das Sommerloch war doch schon fast gestopft, mit viel Regen und News von Promis, die keiner kennt. Bei Sat.1 lief »Big Brother«, beim RTL flogen wildfremde Leute paarweise aus einem anderen merkwürdigen Haus. Warum das alles? Man weiß es nicht.

Und dann das: Auf den allerletzten Drücker bricht ein emotionales Sommergewitter über uns herein. Schauspieler Henning Baum und seine Frau Corinna sind kein Paar mehr. Rumms! »Der letzte Bulle« hatte sogar schon früh eine andere. Krawumm! Als wäre das noch nicht genug für die strapazierten Nerven der Beobachter, hat er auch schon ein Kind mit der neuen Bekannten. Ups …

Mir würden diese pikanten Details fast schon reichen, um zu kapieren, dass in dieser Beziehung einiges schiefgelaufen sein muss. So was kommt leider vor, c'est la vie. Eingedenk dieser Erkenntnis hätten sich die Beteiligten vielleicht einfach in ihren Wohnungen verschanzen, eisern schweigen, leise leiden oder wahlweise einen Paartherapeuten aufsuchen sollen. Doch die Ex trug ihr angeschlagenes Herz unverblümt auf der Zunge, wenn Sie mir diese etwas schräge, doch erhellende Metapher erlauben. Das war eine Einladung zur nächsten Runde. Ungefähr so wie beim Zauberlehrling, der die Geister, die er rief, nicht mehr los wird.

Wobei ich immer bei demjenigen bin, der versöhnliche Worte findet. Das ist mein Naturell, und das mag ich ja auch an »meiner« GALA.

Sollten Sie selbst prominent sein oder es werden wollen, oder sollten Sie mit einem Prominenten liiert, verpartnert, verheiratet oder verschwägert sein oder es werden wollen – dann habe ich hier als alter Showhase drei wichtige Erkenntnisse für Sie, zu denen ich durch lange Erfahrung gekommen bin.

Erstens: Kein Wort, das nicht erst die Prüfung der eigenen inneren Zensur durchlaufen hat, sollte öffentlich ausgesprochen werden.

Zweitens: Wissendes Schweigen wiegt schwerer als Geblubber.

Drittens: Zurückhaltung besitzt einen besonderen Zauber.

Es gibt in meinen Augen nur ein einziges VIP-Couple, das seine Trennung perfekt kommunizierte: Barbie und Ken. Sie wissen schon: die blonde Job-Hopperin (Astronautin, Model, Hundefriseurin, Zahnärztin, Prinzessin u.ä.) und ihr Sonnyboy.

»Die Liebe ist erloschen«, ließen die beiden die Mattel-PR-Profis 2004 verkünden, als ihre wilde Ehe nach 43 Jahren am Ende schien. Längst jedoch gaben Barbie und ihr »bestes Stück« per Facebook bekannt, dass sie wieder vereint sind. An einem Valentinstag begriffen sie, dass ihre Plastikherzen immer noch füreinander schlagen. Das macht doch Hoffnung.

Meine zweitbeste Freundin Gudrun war nach eigenem Bekunden mit drei Promis amourös verbandelt. In alphabetischer Reihenfolge: Costa C., Dieter B., Tony M. – einer habe ihr sogar nach zwei Flaschen Chianti-Wein unter dem neapolitanischen Sommerhimmel die ewige Liebe geschworen. Warum dann doch nichts daraus wurde, wolle sie für sich behalten, meinte sie mit einem vieldeutigen Seufzer. Gute Gudrun!

»Der letzte Bulle« kommentierte übrigens den Rummel um seine Person mit dem Erich-Kästner-Zitat: »Nie sollst du so tief sinken, von dem Kakao, durch den man dich ziehst, auch noch zu trinken.« – Tusch!

WAHLKÄMPFCHEN JEFÄLLIG, SCHÄTZELEIN? ÜBER PROMINENTE UNTERSTÜTZUNG IM WAHLKAMPF

Vor Jahren versuchte der stellvertretende Chefredakteur des »Grevenbroicher Tagblatt«, dem bis dahin langweiligsten Wahlkampf ever neue Vitalität einzuhauchen. Horst Schlämmer wollte Bundeskanzler werden. Dank knallharter Aussagen wie »Yes Weekend!« oder »Es muss alles mehr werden!« hätten laut Umfrage – in echt! – 18 Prozent ihr Kreuzchen bei der Horst-Schlämmer-Partei gemacht. Zur Attraktivität der HSP trugen die zauberhaften Unterstützerinnen von Senta Berger bis Iris Berben bei.

Zuletzt also wieder Wahlkampf. Schnarch … Da ist die Rede von mehr Digitalisierung, endlich Vollbeschäftigung, weniger Diesel. Als mündiger Bürger sage ich: Die ersten zwei Punkte hätte man schon vor Jahren wuppen sollen, und zum dritten hätte es gar nicht erst kommen dürfen.

Prominente Unterstützung gibt es natürlich auch 2017 wieder. Wie Uschi Glas oder Heino zählt inzwischen Sophia Thomalla zum Team Merkel. Das Motto der bunten Truppe lautet: »I love Raute!« Finden Sie irgendwie inhaltsleer? Da will ich mal an Günter Grass erinnern, der einst für die Es-Pe-De blechtrommelte, unter dem Slogan »Willy wählen!«. Klingt nicht sooo viel ausgeklügelter, oder? Ich finde es jedenfalls gut, dass ein Literaturnobelpreisträger und ein TV-Starlet jetzt als Wahlhelfer etwas gemeinsam haben. Gelebte Demokratie ist, wenn alle mitmachen. Und Publizisten waren bzw. sind eh beide. Grass brachte seine Gedanken mit Romanen unters Volk, Thomalla macht's per Tattoo.

Politik als Show, Show in der Politik: Die Grenzen verschwimmen langsam, aber sicher. Merkel-Herausforderer Martin Schulz wirbt in Nordrhein-Westfalen mit: »Berlin braucht mehr Rheinland.« Eine schlämmerreife Forderung, weisse Bescheid, Schätzelein … In Amerika wurde ein B-Promi Präsident, und seine Gattin sieht haargenau so aus wie Frau Thomalla. Sind das Vorzeichen? Was kommt da noch?!

Vielleicht wird mein guter Freund Henry Maske Regierender Bürgermeister von Berlin. Sein Boxerkollege Vitali Klitschko macht diesen Job ja schon längst in der ukrainischen Hauptstadt Kiew. Mein geschätzter NRW-Landsmann Ralf Moeller könnte Ministerpräsident werden, angelehnt an die Karriere seines Bodybuilder-Buddys

Arnie Schwarzenegger in Kalifornien. Und Til Schweiger stelle ich mir als Bundeskanzler vor. Vom Typ her Schröder reloaded, kernig und kantig.

Als ich meine zweitbeste Freundin Gudrun während ihrer alljährlichen Frühherbst-Heilfastenkur bei einem Glas trüber Apfelschorle gespannt fragte: »Für wen stimmst du denn am Wahltag?«, antwortete sie wie aus der Pistole geschossen: »Natürlich für Sahra Wagenknecht! Sie hat alles, was man als Wähler will. Sie ist zäh und ehrgeizig, und das Zepter würde ihr gut stehen!« – »Welches Zepter?«, fragte ich verdattert. Gudrun rollte mit den Augen. »Na, das haben die doch alle als Dschungelkönig! Wenn sie in der nächsten Staffel antritt: Meine Stimme hat sie, diese perfekte Mischung aus Désirée Nick und Menderes.«

Wenn Sie mich jetzt fragen, wen ich wähle: Mit meiner Stimme unterstütze ich unsere hart erkämpfte, wundervolle Demokratie und erteile fremdenfeindlichen Angstmachern eine klare Absage. In echt.

GRAU IST ALLE THEORIE.
ÜBER DEN REVOLUTIONÄREN
GRAUE-HAARE-TREND IM TV

Starmoderatorin Birgit Schrowange verblüffte die Fernsehnation mit einem Knaller. Sie präsentierte sich in ihrer RTL-Sendung »Extra« mit einer frechen Kurzhaarfrisur in erfrischendem Platingrau!

Nach eigenem Bekunden fühlt sie sich so authentischer.

Ganz nebenbei hat das Fernseh-Urgestein damit für eine mittlere Revolution im deutschen TV gesorgt. Denn sie ist nun – Frau Krone-Schmalz in allen Ehren – die erste Moderatorin mit Naturgrau.

Das durften bisher nur »Tagesthemen«-Jungspund Ingo Zamperoni oder ZDF-Haudegen Claus Kleber. Stellen Sie sich die zwei spaßeshalber mal mit schwarz oder blond gefärbtem Haar vor! Brüller, oder?

Grau lässt den Herrn angeblich seriös und sogar sexy wirken. Und was ist mit der Damenwelt? Entertainerin Ina Müller traute sich schon mal mit ungefärbtem Zobel-Charme vor die Kamera. Gut – die ist lustig, die darf das! Und Supermodel Heidi Klum ging als graue Tattergreisin auf ihre eigene Party. Allerdings zu Halloween, nachdem zwei Make-up-Künstler sie stundenlang faltig modelliert hatten. Überhaupt scheint sie diesen schrägen amerikanischen Brauch zu nutzen, um sich regelmäßig dem Beauty-Diktat ihrer Branche zu widersetzen. Mal als Gorilla, mal als plastinierte Leiche. Jetzt heckt sie schon wieder was Ekliges aus und ließ vorige Woche einen Gebissabdruck nehmen. Ihre schrill-bizarren Halloweenkostüme lassen einem die Haare zu Berge stehen.

Womit wir wieder bei Frau Schrowange wären. Warum traut sich eine Fernsehfrau erst jetzt, diesen Schritt zu machen? Und ist das überhaupt nötig? Dank des medizinischen Fortschritts leben wir doch immer länger. Bleiben wir damit nicht automatisch auch länger jung?

Genau diese Frage stellte ich letztens meiner zweitbesten Freundin Gudrun bei einem Glas ihres selbst gebrauten und verjüngenden Zimtlikörs. Sie antwortet empört: »Mitnichten. Das Leben wird ja nicht vorne verlängert, sondern hinten. Das kapieren die ganzen Berufsjugendlichen nicht!«

Tja, aber wer will schon gern alt aussehen? Alle großen Zivilisationen waren besessen von der fixen Idee ewiger Jugend. Hebe, so hieß die griechische Göttin der ewigen Jugend, und Iuventas, ihre römische Entsprechung, besaßen die Fähigkeit, Menschen eine neue Jugend zu schenken. Sie wurden abgeschafft. Vermutlich war das mit der dauerhaften Pubertät zu anstrengend. Und die spanischen Konquistadoren scheiterten um 1500 auf einer Karibikexpedition an der Suche nach dem verheißenen Jungbrunnen. Sie konnten einfach die Bahamas nicht finden.

Fazit: Wenn's gut läuft, sind wir in Zukunft die längste Zeit unseres Lebens alt. Darauf sollte man sich besser beizeiten einstellen.

Der älteste lebende Mensch, so las ich bei »FAZ-Net«, ist – mit angeblich 120 Jahren – der Inder Swami Sivananda. Sein Rezept für Fitness bis ins hohe Alter? Yoga, Disziplin und sexuelle Enthaltsamkeit. Gudrun sagt: Da ist sie raus. Und ich? Werde das mit dem Yoga vielleicht mal probieren. Man muss nicht um jeden Preis jung sein. Gesund reicht doch.

Deshalb gefällt mir ja auch der Graue-Haare-Trend so gut.

Und jetzt drücken Sie mir mal die Daumen, dass der nächste Trend »Übergewicht« heißt.

NA SERVUS!
DA SIND SIE JA WIEDER:
AUF DER WIESN IST HOCHSAISON
DER ADABEIS!

O'zapft is'! Die Musi spielt. Wieder einsteigen und wieder dabei sein. Gell? Das Oktoberfest hat pünktlich zum alljährlichen Almabtrieb seine gigantischen Zelte aufgeschlagen.

Was treibt Millionen von Menschen und Prominente aller Couleur nur in die schwülen Spaßkathedralen auf der Theresienwiese?

Verklebte Tische, notorischer Platzmangel, stickige Luft und endlose Schlangen vor den provisorischen Toiletten. Und über allem schwebt ein schwerer Duft aus Schweiß, Bier und Hendl fett. Das Oktoberfest – die größte Viren- und Bakterienschleuder Bayerns. Kann man da ohne Hand-Sanitizer und Mundschutz überhaupt noch rein? Na servus!

Die Wiesn löst große Emotionen aus: Man liebt sie, oder man hasst sie. Nähern wir uns ihr also in nüchternen Zahlen an: knapp 6 Millionen Maß Bier, eine halbe Million Brathendl und 600 verlorene Ausweise. Auch Bettwäsche und eine Klobürste wurden bereits im Wiesn-Fundbüro abgegeben. Ja, da schau her!

Und wohin man schaut: Tracht. Nicht jedem steht's, aber alle tragen's. So wie die Fußballer Michael Ballack oder Miroslav Klose. Auch Italiener und Japaner schrecken nicht mehr vor der Lederhose zurück. Hollywoodgrößen wie Samuel L. Jackson und Kevin Spacey saßen höchstselbst auch schon im seidenen Wams auf der harten Bierbank.

Ehemalige flüchtige Liebschaften, Fitnesstrainer, Friseure oder Kindermädchen von Celebritys sind Jahr für Jahr mit von der Partie. Die berüchtigten Adabeis. Kennen Sie nicht? So nennt man im Alpenraum nachrangige Prominente, die halt »auch dabei« sind, aber durchaus für eine Mordsgaudi sorgen.

Meine zweitbeste Freundin Gudrun ist im Prinzip auch ein Adabei. Mehr als fünf Maß und einen Vogelbeerschnaps verträgt sie allerdings nicht.

Als ich sie einmal im einschlägigen Promi-Zelt wild knutschend mit dem Ex-Freund der geschiedenen Ehefrau eines Ex-Nationalspielers erwische, lallt sie mir unverständlich entgegen: »I hab an Promi am Haken. I bin a dabei! Obandlt is!«

Entsetzt frage ich zurück: »Gudrun! Wie bist du denn in dieses superexklusive Zelt mit geschlossener Gesellschaft gekommen?« Meine Bekannte rülpst anrüchig in ihre Maß: »Flanierkarte. 60 Euro!«

Die 1000 Prominenten im obersten Stock des Nobelzeltes sind tatsächlich ab 21.30 Uhr nicht mehr ganz unter sich. Völlig unprominente Menschen mischen sich neuerdings unter die schunkelnden VIPs – und observieren sie eingehend beim Feiern. Es is' a bisserl wie im Zoo …

Also, falls Sie Interesse an einer »bedirndelten« Vicky Leandros oder an einem krachledernen Boris Becker haben. Oans, zwoa, g'suffa! Jeder, der will, gehört halt dazu.

Und ganz ehrlich: Wenn man sich schunkelnd in den Armen liegt und mit vollen Maßkrügen zuprostet – das hat unbestritten eine besondere Kraft. Sogar Zugereiste, egal ob aus Chemnitz oder Gelsenkirchen, aus Tokio oder Sydney, auf der Wiesn werden alle zu Bayern. Ein Prosit der Gemütlichkeit.

Pfiat eich.

SPIELEN SIE AUCH SO GERN LÄNDER-QUARTETT? SLIBOWITZ UND AMORE SIND DA IMMER TRUMPF!

Vielleicht habe ich da ja einen Spleen, aber Menschen mit zwei Staatsangehörigkeiten finde ich extrem spannend. Doppelstaatler dürfen so viele tolle Dinge zweimal tun: wählen beispielsweise oder bei der Fußball-WM die Nationalhymnen mitsingen. Und beim Eurovision Song Contest verdoppeln sich automatisch die Chancen auf einen Sieg des Heimatlands. Knaller!

Auch immer mehr VIPs gehören zum Club. Oscar-Preisträger Colin Firth ist nicht mehr nur ein smarter Brite mit Brille, sondern auch offiziell ein heißblütiger EU-Italiener. Seine Frau, die Filmproduzentin Livia Giuggioli, und die beiden gemeinsamen Söhne sind von Geburt an Römer. Wäre ja zu blöd, wenn man sich demnächst in dieser Familie aufgrund des Brexit nur noch per Besuchervisum sehen könnte. Womöglich sogar mit Zwangsumtausch!

Für Italiens Innenministerium, von dem Firth den Pass erhielt, ist es einfach Amore. Er habe bei mehreren Gelegenheiten »seine Liebe für unser Land« zum Ausdruck gebracht, heißt es dort. Wobei das so schwer ja nun auch nicht ist, denken wir nur mal an die landestypische Küche oder die Schönheit des Canal Grande.

Colin Firths Kollege Ralph Fiennes wiederum, ebenfalls Brite, ist mittlerweile parallel Serbe – zu seiner Überraschung. Er dreht gerade seinen zweiten Film in Belgrad. Nach einer Shakespeare-Tragödie geht es diesmal um den legendären sowjetischen Tänzer Rudolf Nurejew, was für ein bunter kosmopolitischer Mix! Für Serbiens Staatschef Vucic jedenfalls waren diese beiden Projekte Grund genug, Fiennes die Ehrenbürgerschaft zu übertragen. Bei einem kleinen Empfang im Präsidentenpalast erhielt der Star seine Dokumente, gerüchtehalber wurden dazu traditionsgemäß Cevapcici und Slibowitz gereicht. Demnächst kann Fiennes dann ja mal ein paar Erfahrungen mit Gérard Depardieu austauschen, dem einst daheim die Steuern zu hoch wurden. Monsieur ist deshalb seit ein paar Jahren Russe. Also kein Pariser mehr. Au revoir und Nastrovje!

Ein heißer Kandidat für den nächsten Doppelpass ist George Clooney. Ach, was sag ich – gleich vier Fächer sollte er in seiner Brieftasche bereithalten! Besitzt der Hollywoodstar doch neben seiner Homebase in L. A. eine Villa in Italien (da nennen sie ihn »Signor Giorgio«). Außerdem ein Haus in Mexiko (dort ist er »Señor Jorge«). Und wegen Gattin Amal, einer Britin, hat er auch ein Anwesen in England (»Sir!«). Falls die Italiener, die Mexikaner und die Briten ihm ihre Pässe andienen, kann Clooney damit Länderquartett spielen, so ähnlich wie Auto-Quartett. Also: Wo scheint die Sonne am schönsten? Wo sind die Menschen am lässigsten? Wo klingt die Liebeserklärung am schmusigsten?

Ich glaube ganz fest daran, dass es da am Ende nur Sieger gibt. Weil doch jedes Land für sich etwas Gutes hat. In diesen Zeiten kann man sich das gar nicht oft genug bewusst machen.

Meine zweitbeste Freundin Gudrun besaß auch mal zwei Pässe. Mitte der Neunziger heiratete die Trendsetterin einen waschechten US-Amerikaner. Einen Taxifahrer aus der Bronx, Einwanderer aus Ungarn. Gudrun war scharf auf die Staatsbürgerschaft, er auf ihr Geld. Die Sache flog auf und Gudrun raus. Als wir uns jetzt bei einem Underberg on the Rocks mal wieder an diese Episode erinnerten, meinte sie lapidar: »Shit happens.« Ihren Ostküsten-Akzent pflegt sie übrigens bis heute.

Lust auf einen Small Talk Fact für den nächsten Diplomatenempfang oder die Quizparty mit Freunden? Raten Sie mal, in wie viele Länder wir Deutsche mit unserem Pass visafrei einreisen dürfen. Es sind 177 – Weltrekord!

Dann mal nix wie los …

TV-KÖCHE WERDEN IMMER ABGEBRÜHTER: ÜBER DIE NÄHE ZWISCHEN KÜCHE UND KAMERA

Wohin man auch zappt, überall kocht jemand sein eigenes Süppchen und blubbert dazu. Schon das Hacken einer Zwiebel wird als Starkoch-Event inszeniert. Mit Großaufnahmen von allen Seiten und endlosen »Expertentipps«. Zum Heulen, da bin ich weg …

Aber diese Nähe zwischen Küche und Kamera gibt's ja eigentlich schon immer. Als Pionier der TV-Köche gilt Clemens Wilmenrod, von Haus aus Schauspieler – sag ich doch! Der legte 1953 Schinken und Käse auf eine Scheibe Weißbrot, on top eine Cocktailkirsche, und verkaufte den Hausfrauen sein »Toast Hawaii« als neues Nationalgericht. Ich glaube, er überzeugte vor allem mit seinem Schnauzbart und dem schmalzigen Blick. Das Auge ist bekanntlich ein Mitesser.

Patrick Lindner und Heino wiederum, der eine im wahren Leben Koch, der andere Konditor, machten einen glatten Schnitt und hängten ihre Schürze an den Nagel, um Schlagerstar zu werden. Gewissermaßen den umgekehrten Weg ging Alfred Biolek, Grandseigneur der Unterhaltungskunst. Zum Brutzeln in »alfredissimo!« lud er sich stets jemanden ein – er war und ist der perfekte Gastgeber. Nebenbei wurde geplaudert, deutscher Markenwein stand bereit, der lockert die Zunge und ist, wie wir von Bio gelernt haben, »viel besserrr als sein Rrruf«. (Der Mann rollt das R so wunderbar wie ein Sushi-Meister den Klebreis!)

Ich war auch mal in der Sendung. Weinselig plauderte ich mich um Kopf und Kragen und vergaß dabei fast, meinen Auberginen-Hack-Auflauf aus dem Ofen zu holen. Ganz ehrlich: Ich vermisse Bio auf dem Bildschirm, als Vorkoster und Kommunikationsgenie, seinen Ton, seine Haltung.

Wieso es heute immer mehr Köche in die Studios zieht, warum sie nicht einfach weiter in ihren Restaurants zaubern? Meine Vermutung: Im Vergleich zur gelegentlichen Nachmittagsshow ist der tägliche Mittagstisch plus Abendbetrieb ein Knochenjob.

Als coolster Fernsehkoch gilt derzeit Steffen Henssler. Der muss gar nicht mehr an den Herd, sondern darf zwanzig Meter hohe Sprossenwände raufturnen oder mit dem Buggy durch den Schlamm brettern: »Schlag den Henssler«. Der Koch folgt dem Metzger. Absolut konsequent, aber nicht gerade mein Lieblingsformat: Diese Wettkampfidee ist mir einen Tick zu verbissen. Ich bin eher der »Fernsehgarten«-Typ. Da kocht Armin Roßmeier, kurz und knapp und fränkisch.

Meine zweitbeste Freundin Gudrun liebt alle TV-Köche. Besonders mag sie Horst Lichter und Nelson Müller. Müller findet sie sexy und knuffig. Bei Lichter ist es umgekehrt. Der Schnauzbart-Träger (!) moderiert inzwischen grandios den letzten Trödel wie geschnitten Brot. Gudrun hat er schon vorher verdorben, in seiner »Lafer! Lichter! Lecker!«-Zeit. Egal, welches Rezept sie ausprobiert, immer nuschelt sie: »So, jetzt noch Bütterken dabei …«

Wissen Sie übrigens, warum Butter so fettig ist? Laut Gudrun, damit es nicht quietscht, wenn man sie aufs Brot streicht. Das verriet sie mir an einem dieser sonnigen Herbsttage auf ihrem Küchenbalkönchen, bei reichlich Butter-Salz-Gebäck à la Horst und einem Glas »Kröver Nacktarsch«.

Übrigens: Die einzige Kochshow, die ich gelegentlich bis zum Ende schaue, heißt »Silent Cooking«. Stilles Kochen. Genuss pur. Nur der Pudding hört mein erleichtertes Seufzen.

KRÖNCHEN UND
TREKKING-BOOTS:
WANDERN ALS ROYALER
TRENDSPORT

Dieses Bulletin aus dem Stockholmer Königspalast war ganz nach meinem Geschmack: Kronprinzessin Victoria wandert jetzt! Höchstpersönlich! Zu Fuß! Zwei Etappen hat sie schon hinter sich, da konnte ihr auch der Regen nichts anhaben.

Sorry (oder »ledsen«, wie der Schwede sagt), aber bei diesen Royals wird mein Kolumnistenherz weich und unkritisch, da mutiere ich zum Fan mit glasigen Augen. Länge leve Sverige! Schließlich herrschen die Bernadottes milde und gütig über ein gigantisches Kinderparadies von Bullerbü bis Lönneberga. Ein kunterbuntes Märchenland, besungen von Abba und Roxette, bevölkert von Michels und Pippilottas. Und über allem thront, auf einem Massivholz-Barhocker aus der Ingolf-Serie eines namhaften

Möbelhauses, unsere Königin Silvia aus Heidelberg. Mehr geht nicht.

Jetzt heißt es also für Silvias Tochter: raus aus dem Palast, rein in die Wanderstiefel. Gemeinsam mit ihrem Angetrauten Prinz Daniel will Victoria in den kommenden zwei, drei Jahren ihr Land erkunden und ihren Landsleuten das »aktive Outdoor-Erleben« in der Heimat näherbringen. Das Volk ist eingeladen mitzulaufen. So ähnlich dachten sich das in Deutschland einst schon Bundespräsident Carstens und Gattin Veronica. Die beiden zogen von der Ostsee bis nach Garmisch-Partenkirchen. In Schweden heißen die Ziele nun Västergötland oder Västerbotten.

Wandern zwischen Tradition und Trendsport: So fit wie die Sympathiebolzen aus Skandinavien ist kein Vertreter irgendeines anderen Königshauses! Klar, natürlich mit Ausnahme von Scheichin Maitha bint Mohammed bin Rashid Al Maktoum aus Dubai. Die überzeugte eindrucksvoll bei Olympia 2008 in Peking. Sie errang Platz sieben im Taekwondo. Glückwunsch nachträglich von meiner Seite!

Ups, jetzt habe ich mich inhaltlich ein bisschen verlaufen …

Gestatten Sie mir zum Wandern eine Sach-Info, denn das Thema ist mir ja nicht ganz fremd. Früher gingen die Menschen nicht einfach los, um sich die Landschaft anzugucken. Vorläufer des Wanderns ist das Pilgern – da zieht man auf der Suche nach höherer Erkenntnis durch Wald und Wiesen. Bis ins 18. Jahrhundert hielten die Menschen die Natur sogar für unheimlich. Gebirge galten als hässlich, die Aristokraten jener Zeit zogen auf Reisen angewidert die Gardine ihrer Kutsche zu, um sich beispielsweise den Anblick der Alpen zu ersparen. Ich wette, Victoria und Daniel dagegen werden nun von ihren Ausflügen reichlich Fotomotive fürs Familienalbum mitbringen.

Auch meine zweitbeste Freundin Gudrun und ich schlüpfen von Zeit zu Zeit in die Trekking-Boots. Kürzlich besuchten wir den »lustigsten Wanderweg Deutschlands« in Kranzegg im schönen Oberallgäu. Auf 3,2 Kilometern findet man dort neben spritzigen Wasserfällen und romantischen Lichtungen auch zahlreiche Tafeln mit Witzen. Das zieht sich. Erreicht man endlich den Gipfel, wird man mit einer herrlichen Aussicht belohnt.

Oben angekommen, schwärmte ich, nach Luft schnappend: »Gudrunchen, schau mal da unten, das Tal! Wahnsinn, oder?« Verschwitzt zischte sie zurück: »Wenn es da unten Wahnsinn ist, warum habe ich mich dann hier hochgequält?«

Frauen und Logik. Darauf nahmen wir einen Schluck Enzian aus ihrem Notfall-Flachmann. Skål!

PHUKET PAUSCHAL ODER: MEIN GRÖSSTES FERIENERLEBNIS

Einmal im Jahr muss ich raus. Nämlich dann, wenn ich das Dauerlamento meiner – ansonsten heiß geliebten – Mitbürger übers fröstelige Nieselwetter in der Heimat nicht mehr ertragen kann. Auf Empfehlung meiner zweitbesten Freundin Gudrun und ihres besten Freundes Calli schien mir diesmal Phuket die ideale Wahl für die Kolumnisten-Rekreation.

Ich reise pauschal und während der Regenzeit. Nein, kein Buchungsfehler. Man will einfach den Kostenbogen nicht unnötig überspannen.

Regenzeit heißt: wärmer als üblich, umso feuchter, dafür günstiger. Da muss man nicht mal mehr ins Meer hüpfen, um sich zu erfrischen. Das Wasser kommt ja eh von allen Seiten.

Phuket (ohne Regen) ist eine Lieblingsinsel des Jetsets. Naomi Campbell und Kate Moss vergöttern sie. Von Paparazzi weitgehend geschützt, residieren die Stars gern am Cape Panwa. Eine Traumbucht. Das dortige Hotel verfügt über einen der wenigen Privatstrände und ist somit perfekt geeignet für Urlaubstage ohne Fotografen. Pierce Brosnan erholte sich hier von Dreharbeiten, ebenso Catherine Zeta-Jones. Und auch die thailändischen Royals wurden bereits gesichtet. Sie wissen schon, dieser etwas spezielle neue König Maha Vajiralongkorn, der auch ein Häuschen in Bayern hat.

Cape Panwa also – es ist sicher herrlich dort.

Meine Wenigkeit urlaubte auf der weniger exklusiven Seite der Insel, mit Halbpension und nicht ganz so kristallklarem Wasser. Bestens gelaunt war dort eine sympathische Reisegruppe aus Leipzig unterwegs. Ich kannte die Herrschaften nicht, dafür erkannten sie mich. Ausgerechnet während der Happy Hour. Da hat man seinen Ruf dann gleich weg.

Apropos Getränke: Der Kaffee in meinem Hotel war vorzüglich. Black Ivory Coffee, Ausgerechnet am Freitag, dem 13., kam ich auf die Idee, mal nachzuforschen, mit welchem Trick die Thais dieses besonders bekömmliche Aroma hinkriegen. Ich erfuhr Spannendes. Die Bohnen werden in 1500 Meter Höhenlage handgepflückt – und dann an einheimische Elefanten verfüttert. Okay, an dieser Stelle schwante mir schon was …

Während der Verdauung sorgen Enzyme dafür, dass die Bohnen ihre Bitterstoffe verlieren. Dieser Prozess dauert knapp siebzig Stunden. Anschließend geht beim Riesensäuger alles seinen Gang. Und am Ende werden die Bohnen per Hand aus dem Verdauungsergebnis herausgepickt.

Nach diesen Erläuterungen wurde mir schlagartig bewusst, dass ein leidenschaftlicher Teetrinker in mir schlummert.

Und während ich so an meinem Jasmintee nippe und in den prasselnden Regen starre, schickt mir meine zweitbeste Freundin Gudrun ein Video, unterlegt mit Reggae-Klängen. Aufnahmen vom heimischen Balkon. Man sieht sie im Bikini, mit einem Daiquiri in der Hand, neben sich ein regenbogenfarbenes Planschbecken und Calli. Leicht angeheitert grölen sie: »28 Grad hier im Rheinland! Im Herbst! Wahnsinn! Schöne Grüße!«

Die beiden haben sich übrigens seinerzeit beim Vegetarier-Festival in Phuket kennengelernt, bei strahlendem Sonnenschein. Behaupten sie jedenfalls bis heute.

SO NAH BEIEINANDER LIEGEN LACHEN UND SEX.
ÜBER BACKSTAGE-ERLEBNISSE BEIM COMEDYPREIS

Man kann Tatsachen nicht restlos weglachen. Selbst mir als passioniertem Schlämmer vergeht beim Gedanken an die AfD-Spaßbremsen und die fraktionslose blaue Frauke im Bundestag der gesunde Appetit. Auch die Gesamt-Weltlage ist für eine heitere Grundstimmung nicht gerade förderlich. In between muss man aber einfach mal Party machen dürfen. Feiern. Ablachen. Jetzt erst recht!

So geschehen beim Deutschen Comedypreis 2017. Ich hatte viel Freude in Köln. Meinem Entdecker und Idol Ottfried Fischer durfte ich den Ehrenpreis überreichen. Wenn den einer verdient hat, dann ja wohl der Godfather of Bavarian Entertainment!

Preisverleihungen sind in der Regel immer etwas läng-lich. Wenn sie jedoch von einem gewissen jungen Mann moderiert werden, da habe auch ich Spaß in den Backen. Chris Tall (bürgerlich: Christopher Nast) war der Gastgeber des Abends. Erst 26 Jahre alt, wirkt er wie eine Reinkarnation von Harald Juhnke. Nur etwas moppeliger. Und deutlich frecher.

Die After-Show-Party beim Bambi ist ja gern mal eine Schlangengrube. Beim Comedypreis hingegen gestaltet sich das Ganze eher wie ein Familientreffen der Fun-Elite. Auch wenn man mal kurz weg war. Stichwort: drei Jahre Bühnenabstinenz.

Meine zweitbeste Freundin Gudrun jedenfalls, die diesmal mitdurfte, fühlte sich gleich heimisch. Nach dem vierten Kölsch in fröhlicher Runde machte sie mir den Vorschlag, ich solle mich – ganz kreativ à la Chris Tall – doch auch mal umbenennen. In »Happe Tittlich«!!! Ein Brüller. Fanden zumindest die umstehenden lieben Kollegen. Der lustigste Proll der Welt, Atze Schröder. Der gottbegnadete Luke Mockridge. Und ein an diesem Abend sanftmütiger Gernot Hassknecht alias Hans-Joachim Heist mitsamt seinem vor Talent strotzenden »heute show«-Hofstaat.

Ich mag jeden, der andere Menschen zum Lachen bringen will. Dass das jeder auf seine Weise tut, macht die Sache erst interessant. Und für TV-Zuschauer von Comedy-Shows habe ich jetzt noch wertvolle Tipps!

Nummer eins: Beim Lachen ist es wie beim Sex. Es braucht mindestens zwei Leute, damit es sich wirklich schön anfühlt.

Nummer zwei: Wenn Sie sich vor der Show ein schwer verdauliches Schnitzel reindrücken und dann miesmuffelig neben dem Adiletten-Gatten im Schlabbershirt vor der Glotze abhängen, dürfen Sie sich bitte nicht wundern, wenn die dargebotenen Gags bei Ihnen nicht zünden. Speisen Sie vorab lieber einen leichten Feldsalat. Ziehen Sie sich was Nettes an. Setzen Sie sich aufrecht in Ihren Fernsehsessel, und nehmen Sie eine unverkrampft lachbereite Grundhaltung ein. Zelebrieren Sie die ganze Sache also! Dann klappt's auch mit dem Spaß an der Freud.

Für 2018 hat übrigens eine gewisse Person nach den Ereignissen in diesem Jahr Partyverbot beim Comedypreis. Meine – aktuell maximal drittbeste – Freundin Gudrun. Mit müden Witzen wie »Kommt 'ne Frau beim Arzt« schaffte sie es am Ende, sogar die strahlende Queen of Comedy Carolin Kebekus zum »Versacken aus Verzweiflung« zu bringen. Witzischkeit kennt manchmal eben doch Grenzen. Bleiben Sie bitte echt heiter!

WENN KÖNIGIN ANGELA HULDVOLL WINKT ODER: DIE BERÜHMTESTEN BALKONE DER WELT

Der berühmteste Balkon der Welt hängt in Verona. Sie wissen schon: Romeo und Julia, Herz, Schmerz, Nachtigall, Lerche, das ganze Drama. Bei Shakespeare selbst ist nur die Rede von einem simplen Fenster, denn in der italienischen Renaissance – da spielt die traurige Liebesgeschichte – waren begehbare Mauervorsprünge nicht üblich. Erst vor achtzig Jahren wurde das Steingut, vorher Teil eines Sarkophags, in dem verträumten Hinterhof an die Fassade getackert. Von morbid zu romantisch, sooo zauberhaft kitschig.

Der zwischenzeitlich berühmteste Balkon Deutschlands schwebt über dem Portal der Parlamentarischen Gesellschaft in Berlin. Romantische Anbahnungen? Fehlanzeige. Nüchtern demonstrieren Angela Merkel und ihre angehenden Koalitionäre zwischendurch von oben den Stand der Dinge. Ohne Ton. Mal winkt wer huldvoll, mal nickt jemand vieldeutig-nichtssagend dem Volke zu. Manchmal schmökt auch einfach ein Verhandlungspartner hinter der Balustrade verstohlen – und dennoch von den Kameras der Weltpresse eingefangen – eine Fluppe.

Kommt Jamaika? Kommt die Coburg-Koalition? Schwarz, Gelb, Grün. Das sind die Farben des bayerischen Landkreises Coburg – und schon sind wir bei Prinz Albert von Sachsen-Coburg, dem Gatten der legendären Queen Victoria! Deren Nachfahren sitzen heute in fast jedem europäischen Königshaus, winken von den royalen Balkonen zwischen London und Stockholm den Untertanen zu. Na, merken Sie was?

Mich zieht es übrigens prinzipiell nur auf den Balkon, wenn ich mich sonnen will. Oder um lieben Gästen nach einem weinseligen Abend noch mal sanft lallend »Tschühüs!« hinterherzurufen.

Meine zweitbeste Freundin Gudrun lud im Sommer ein paar Kumpels zur Geburtstagsparty auf ihren Küchenbalkon ein, reichte Lieblingsgetränke von A wie Altbier bis Z wie Zimtlikör. Gegen Mitternacht waren Alkohol- und Lärmpegel deutlich gestiegen, was einen Nachbarn von gegenüber zu der Nachfrage verleitete: »Geht es auch leiser?! Wo kommt ihr denn her, dass ihr euch so benehmt?!«

Leicht schwankend brachte sich Gudrun an der Brüstung in Position und rief hinaus in die rheinische Nacht: »Isch bin ein Börliner!«

Wer auf dem Balkon steht, demonstriert Überlegenheit. Bei Royals ist das heute lieb gewonnene Folklore mit Tradition: ein umjubelter Hochzeitskuss wie bei William und Kate oder dynastisch wichtige Kinder, die in die Runde gezeigt werden.

Bei unseren gewählten Politikern wäre es mir persönlich ja lieber, die Damen und Herren würden in den Verhandlungspausen durch einen Garten flanieren und damit Bodenständigkeit beweisen. Solange das nicht der Fall ist, rechne ich täglich damit, dass Königin Angela I. sich vom Balkon aus an uns alle wendet mit den Worten: »Wir sind heute zu Ihnen gekommen, um Ihnen mitzuteilen …«

Da fällt mir ein: Ich habe noch einen Reisetipp für Sie. Den »schönsten Balkon Europas«, die Corniche in Luxemburg mit ihrer unvergleichlichen Aussicht. Auch das großherzogliche Herrscherhaus ist eng mit den Coburgern verwandt. So schließt sich der erhabene Kreis.

FOREVER YOUNG?
DA HABEN AUCH WIR MÄNNER
EIN PAAR HÜBSCHE TRICKS

In welchen Zaubertrank ist denn, bitte schön, unser Bräd-
chen Pitt gefallen? In einen Bottich Spinat-Smoothie?! Vor
Kurzem war er der strahlende Mittelpunkt einer Film-
Gala in Los Angeles, knackig glatt und extrem jugendlich.
Die Fans jubelten. Die Hollywood-Fachpresse staunte –
und ging dem Phänomen auf den Grund. Nach Anwen-
dung der neuesten Bildanalyse-Software kam man zum
Ergebnis: Für den Frische-Kick sorgte ausschließlich der
keck gezupfte Kurzhaarschnitt …

Na ja. Nix geschnippelt, nix unterspritzt? Benjamin
Button jetzt in echt? Ist 53 das neue 28? Durch ein bisschen Styling, viel Mineralwasser und schön ausschlafen?
VIP-Ladys wollen uns schon seit Erfindung des Schein-
werfers weismachen, dass sie das Wort Beauty-Doc noch

nie gehört haben. Promi-Beaus nun auch immer öfter.

Hand aufs Herz und Salz in die Wunde: Ich vermute bei Mister Pitt ein Fruchtsäure-Peeling plus Faden-Lifting. Des Weiteren eine Eigenfett-Unterspritzung und den punktuellen Einsatz von Botox. Kostenpunkt, Pitt mal Daumen, rund 5000 Dollar. Das setzt der von der Steuer ab.

Meine früheren, nach wie vor sehr geschätzten Moderatorenkollegen Pilawa und Pflaume habe ich auch im Verdacht. So schön kann doch kein Mann sein! Ebenso die sympathische Punkt-Zwölferin Katja Burkard. Aber die ist ja kein Mann. Oder irgendwie doch? You never know in diesen Zeiten.

Meine zweitbeste Freundin Gudrun ist überzeugte Botoxerin und eine Hyaluronerin vor dem Herrn. (Die Mineralwasser-Story würde ihr ohnehin niemand abkaufen.) Inzwischen spritzt sie sich das Zeug selbst, sogar in kritische Partien wie Hals und Hände. Den beginnenden Faltenwurf hat sie dort vorerst gestoppt. Aufkeimende Flecken killt sie mit einer Schneckensalbe aus Südostasien, die alles wegätzt, was dunkler ist als eine Schneeflocke. Den dennoch aufkommenden Vergänglichkeitsfrust bekämpft sie mit Klosterfrau Melissengeist.

Ich selber habe noch nichts machen lassen. Trotzdem gab es ein einschneidendes Erlebnis, aus Versehen.

Für eine Fernsehsendung, die nicht in HD ausgestrahlt wurde, hübschte man mich fälschlicherweise trotzdem mit HD-Schminke auf. Die macht aus jedem Gesicht eine

Nicole-Kidman-Gedächtnismaske. Und so ließen die Kommentare auf Facebook nicht lange auf sich warten: Von der »miesesten Schönheits-OP ever« bis zum »Gips-Babyface« war die Rede.

Ich selber war von mir eigentlich begeistert. So kann man sich täuschen. Okay, dann setze ich eben bei meinen Beauty-Tricks in Zukunft weiter auf Chardonnay und gute Laune.

Jedenfalls finde ich es toll, wenn Männer ganz offen mit dem schwierigen Thema Haut und Haar umgehen. So wie Pony-Pionier Elton John, der irgendwann plötzlich wieder freche Fransen in der Stirn trug. Kulttrainer Jürgen Klopp steht die flotte Fülle auch prima. Aber bei ihm sieht die Gesichtsmitte seit Kurzem irgendwie anders aus. Hat er sich ein Paris-Hilton-Stupsnäschen zimmern lassen? Ich werde das weiter beobachten.

Eins ist sicher: An Brad Pitt kann man herumoperieren, bis der Arzt kommt. Sein Blick verrät immer: Ich habe gelebt. Und wie!

»BIN ICH DRIN?«
PROMIS UND DIE BLÄTTER,
DIE DIE WELT BEDEUTEN

Meine herzlichsten Glückwünsche an Sie alle! Wozu jetzt genau? Natürlich zu Ihrem persönlichen Festtag als GALA-Fans, zum »Welttag der Zeitschriften«. Oder, wie ich dieses Datum nenne, seit ich selbst dazugehöre: Kolumnistmas.

Gefeiert wird der 26. November nicht mit Tschingderassabum auf dem Times Square, sondern am schönsten daheim. Lassen Sie sich ein prickelndes Schaumbad ein, stellen Sie ein Gläschen Champagner bereit, und baden Sie im GALA-Gefühl! Vielleicht genießen Sie dazu ein saftiges Stück Kuchen, denn in den USA wird parallel der National Cake Day gefeiert. What a wonderful Kombi!

Begonnen hat alles 1725, da erschien in Leipzig die erste deutsche Frauenzeitschrift: »Die vernünftigen Tadlerinnen«. Man wollte die Leserinnen zu mehr Tugendhaftigkeit erziehen. Etwas völlig anderes mache ich hier ja auch nicht, gell?

Für mich selbst gehört das Knistern des Papiers zum Lesegenuss, genauso wie die tollen großen Fotos. Hape liebt das Haptische! Jetzt nix gegen Online-Thumbnails, aber die sind in Wahrheit ja noch mal deutlich winziger als ein Daumennagel. Gemein!

Apropos nicht richtig sehen können. Beim Augenarzt gibt es für mich nichts Entspannenderes, als in (Uralt-) Hochglanz-Blättern zu schmökern. Angeln oder Esoterik, Fitness für Frauen um die fuffzig, Royals oder Rinder-Ragout: Mich interessiert alles. Vor Zahnarzt-Checks greife ich zum »Bienen-Journal« – summt schöner als der Bohrer –, und beim Friseurbesuch lasse ich mich vom »Adelsblatt« inspirieren. Während ich unlängst beim Tierarzt darauf wartete, dass mein Kater nach glücklich überstandener Kastration aus der Narkose erwacht, fand ich den mit Abstand interessantesten Beitrag ever in einer Veterinärzeitschrift. Ein Fotowettbewerb zeigte Röntgenbilder von Haustieren. Das Gewinnerbild: ein Lurchmagen, gefüllt mit 30 Kieselsteinen.

Und wo wir gerade von Kastration sprechen – meine zweitbeste Freundin Gudrun hat leider Galle, das Ding soll raus. Laut Internist liegt es an zu fettem Essen oder an übermäßigem Alkoholgenuss. Gudrun einigte sich auf Ersteres, wie sie mir bei einem Glas Mescal gestand. Ganz unvermittelt meint sie plötzlich: »Ich befürchte, dieser Arzt ist ein blutiger Anfänger.« Erschrocken frage ich:

»Wieso das?!« Sie, verschwörerisch: »Die Illustrierten in seinem Wartezimmer sind erst zwei Monate alt …«

Finde ich dann und wann einen Artikel über meine halb prominente Wenigkeit, erschrecke ich mich fast zu Tode. Huch, mich gibt's ja auch noch! Aber dann freue ich mich über die Aufmerksamkeit. Meistens jedenfalls.

Ich kann Ihnen verraten: »Bin ich drin?‽?«, ist in der Showbranche eine jede Woche aufs Neue zitternd gestellte Frage. Da gilt nämlich das Motto: »Bin ich drin, bin ich in!« Allzu oft ist aber auch nicht gut. Wer über jeden roten Teppich latscht und sich dabei ablichten lässt, wird überpräsent. Mmhhh, warum muss ich gerade in diesem Moment an Heidi Klum denken?

Ich empfehle die Faustregel: Du sollst pro Jahr nur in so vielen Blättern stehen, wie du mit beiden Armen tragen kannst. Sonst machste frühzeitig schlapp. Der wunderbare Mario Adorf zum Beispiel oder Hannelore Elsner halten sich tapfer daran.

Mich persönlich treibt all das weniger um, denn ich hab's gut. Im Zweifelsfall hieve ich mich einfach wieder selbst auf Seite 130 in der GALA.

ICH GLAUB, MICH TRITT EIN PFERD! WARUM MEIN KATER ATUBA JETZT DOCH IM BETT SCHLÄFT ODER: ÜBER DIE HAUSTIERE DER VIPS

Sorry, aber was da gerade schmusetiermäßig abläuft, das geht auf keine Kuhhaut. Die haben ja einen Vogel, die Stare!

Jennifer Garner outet sich als Chicken Chick, schlendert mit ihrer brünett gefiederten Freundin durch Beverly Hills. So ganz traut sie ihr aber doch nicht, denn sie führt Regina an der Leine. Was die beiden verbindet? Neben der Freude am Spazierengehen die Lust am Essen. Regina ist Feinschmeckerin. Sie liebt Käfer. (Kleine Zwischenfrage: Was gibt einem so ein Huhn, was Hund oder Katze einem nicht geben können? Eier!)

Nicht dass Sie mich jetzt falsch verstehen: Generell bin ich ein VIP-Pet-Fan! Deshalb hier meine Top-3-Storys aus der »Fell & Feder Hall Of Fame«.

1. George Clooney hatte, bevor er doch noch Familienvater wurde, achtzehn Jahre lang keinen Fisch namens Wanda, sondern ein Schwein namens Max. Man teilte sogar das Bett. Bei mir würde es ein Schwein nicht mal aufs Sofa schaffen. Maximal bis in die Küche.

2. Die zarte Hollywoodschönheit Audrey Hepburn nahm ihr Kitz Pippin mit in den Supermarkt. Manchmal flüsterten sich die Kunden zu: »Schau mal da, das scheue Reh …« Da lächelten Audrey und Pippin beglückt um die Wette.

3. Diamond Baby, Princess Paris und Harajuku Irgendwas: Das sind nicht Mitglieder einer hippen Girlband, so hießen bzw. heißen einige der Schoßhündchen von Paris Hilton. Für mein Gefühl ist da allerdings die Fluktuation auffallend hoch. Wo bleiben die kleinen Knuddelknäule eigentlich? Ich fürchte den Tag, an dem die stets top gestylte Miss Hilton irgendwo mit flauschigen High Heels auftritt …

Und dann ist da noch Papillon-Rüde Billy King, inzwischen berühmter als sein Frauchen Harald Glööckler. Angeblich hat der Hund einen eigenen Coiffeur und einen Koch. Auf jeden Fall hat er ein Buch geschrieben, »Mein Leben mit Harald G.«, und er besitzt eigene Autogrammkarten.

Okay, ich wollte mich zurückhalten, aber es muss raus: Ich glaub, mich tritt ein Pferd! Mein Schwein pfeift!

Mein Hamster bohnert! Und gleich gluckert auch noch der Lurch!

Puh, durchatmen …

Der Hund gilt ja gemeinhin als der beste Freund des Menschen und hält seinen Zweibeiner durchs Gassigehen fit. Aber Katzen sind die wahren Lieblingstiere der Deutschen! Vielleicht weil sie selbstständig aufs Klo gehen? Ich finde, es liegt vor allem daran, dass sie einem viele Freunde auf einmal ersetzen, vom besten Kumpel über den guten Zuhörer bis zur Zicke.

Apropos beleidigt. Meine zweitbeste Freundin Gudrun sollte letztens für eine Woche das Haus hüten und ordentlich auf meine Katze Atuba aufpassen. Das ging gewaltig schief. Bei meiner Rückkehr musste ich zur Kenntnis nehmen, dass Atuba jetzt im Bett schläft. Mir bleibt die Couch. Zur Wiedergutmachung schenkte Gudrun mir Pawlish, den neuen Nagellack für die Katze. »Mensch Gudrun!«, polterte ich, »Atuba ist doch keine Transe!« Da blubbert sie in ihr Glas Adventspunsch: »Ach, ich dachte echt immer, das ist ein Mädchen. Wegen der aristokratischen Ausstrahlung.«

Zumindest hat der Kater neuerdings ein »vom« im Namen, wenn ich ihn rufe: »Runter vom Bett!«

ICH TAUSCH DICH AUS, DARLING!
ÜBER DEN TREND
ZUR LOOKALIKE-LIEBE

Täusche ich mich!? Oder läuft da in Hollywood gerade eine konzertierte und unschöne Rückrufaktion von leicht in die Jahre gekommenen Promi-Ehefrauen?!

Der großartige Ewan McGregor trennt sich tatsächlich nach schlappen 22 Ehejahren von Eve Mavrakis und greift stattdessen zur viel jüngeren Mary »Fargo« Winstead. Gulp! Da müssen alle Beteiligten erst mal schwer schlucken. Derzeit droht da übrigens jeder jedem besonders unattraktive Todesarten an. Der Ex von Frau Winstead dem Herrn McGregor und dessen Ex wiederum Mrs. Winstead und ihrem Ex. Also Ewan. Können Sie mir noch folgen!?

Gerüchtehalber soll es unlängst auch zwischen Brad Pitt und einer erkennbar knackigeren Ella Purnell massiv gefunkt haben. So richtig witzig findet Frau Jolie das auf ihre alten Tage garantiert nicht. Ashton Kutcher ist längst mit Sweetie Mila Kunis verheiratet. Und Demi Moore schaut seitdem so, als schaute sie in die Röhre.

Pardon, aber es häuft sich auffällig! Hippe Promi-Männer trennen sich mir nix, dir nix von ihren langjährigen Angetrauten. Schwuppdiwupp suchen sich die feinen Herren dasselbe Frauenmodell – nur in bedenklich jünger. Schockschwerenot: komische Austauschwelle, das!

Franz Beckenbauer ist quasi Profi in Sachen »Öfter mal was Neues«. Ich sage nur: Diane, Brigitte, Heidi. Und Pfefferminz-Prinz und Rock-Legende Westernhagen verlässt nach einer gefühlten Ewigkeit Romney und heiratet den Youngster Lindiwe.

Sind es nur die Hormone, die die späten Männer am Beziehungsreifen drehen lassen? Nach dem Motto: »Leute, ich kann drüsentechnisch nicht anders …« Siegt am Ende immer der ewige Reproduktionsgedanke? Läuft da das knallharte Programm: Tausche Bündnerfleisch gegen saftiges Steak? Hm, wer würde da Nein sagen?

Meine zweitbeste und lebenskluge Freundin Gudrun meint, dass sich Frauen ab einem gewissen Alter entscheiden müssen. Wollen sie eine Kuh oder eine Ziege werden? Tja, welcher normalsterbliche und Bier trinkende Hetero will sich schon zwischen einer Rundlichen und einer Zickigen entscheiden?

Gudrun bezeichnet sich selbst übrigens als gemäßigte Kuh. Dem kann ich eigentlich nur zustimmen. Unlängst trafen my Second Best Friend und ich uns bei einem lauwarmen Glas Rosen-Gewürznelken-Punsch zum feucht-fröhlichen Stelldichein auf dem Kölner Weihnachtsmarkt. Während sie genussvoll in einen Krokant-Bratapfel mit Schoko-Fett-Lasur biss, meinte sie kauend zu mir: »Diese ausgemergelten Promi-Weiber sind alle selber schuld, dass ihnen die Kerle wegrennen. Nörgeln von morgens bis abends rum, ernähren sich nur von Körnchen und Gürk-chen und mutieren schlussendlich zur gnadenlosen Fett-weg-Zicke!«

Gut, eine fürsorgliche Ehefrau sollte vielleicht nicht zum nervtötenden Personal Trainer ihres leicht unter-setzten und verängstigten Gatten mutieren. Angeblich ist man ja vor Gericht und auf hoher See in Gottes Hand. Ich ergänze: in so einer Ehe auch! Das Programm möchte ver-mutlich keiner der welkenden Herrn zu Hause.

Inzwischen greift aber auch die ältere Dame mitunter beherzt zum knackigen Kerlchen. Madame Macron macht es par example vor. Und siehe da: Es klappt. Oder wie der Belgier sagt: Ça marche! Vive l'égalité!

Je vous presse!

SCHÖNER SHOPPEN
MIT VIP-WERBECLIPS –
VOM FEINKOSTSALAT BIS ZUM
KALTSCHAUM-KUSCHELSOFA

Selbst RTL-Schuldenberater Peter Zwegat und das Ampel-
männchen aus Berlin dürfen sich inzwischen keck zum
Kreis der Promis zählen.

Wirklich wichtig im Showgetriebe ist man aber erst als
Celebrimonial. Also dann, wenn man sich seine berühmte
Nase durch Reklame vergolden lassen kann. Den wahren
Marktwert eines Stars beziffern heute Werbestrategen auf
Heller und Cent.

Unsere »ESC«-Lena verrät für gutes Geld in guten Worten ihre Top-Styling-Tipps aus Paris. Pourquoi pas? Dat
Klümchen aus Bergisch Gladbach trägt begeistert öffentlich Unterwäsche, vermutlich aus Freilandhaltung. Und
der Bundes-Jogi schwört auf seine »Gesichtscrähm fohr
Mähn«. Ein absoluter Klassiker: Gottschalk und Goldbär.

Das hat nicht nur von der Haarfarbe her perfekt gepasst. Ja, und dann Barbara Schöneberger! Wenn sie kleckernd Feinkostsalate in sich hineinstopfte, mochte man einfach nicht wegsehen. Super sympathisch, super authentisch.

Ihr GALA-Kolumnist stand schon mehrfach im Ring. Was bei mir über die Jahre zusammenkam, liest sich fast wie ein Einkaufszettel: Schokolade, Kaffee, Brause, Autos, Eierbecher und schlussendlich Möbel. Das mit den Möbeln hat mir besonders viel Spaß gemacht, weil ich bei den Shootings wahlweise sitzen oder liegen durfte. Und das lang.

Bei einigen Ami-Deals könnte man heute auf den ersten Blick von Jugendsünden sprechen. »Breaking Bad«-Star Bryan Cranston startete seine Karriere Anfang der Achtzigerjahre mit einer klaren Ansage für Hämorrhoidensalbe. Aber hat es ihm geschadet? Nö. Er ist aktuell der knackigste Hollywoodstern über sechzig.

Andere US-Stars tun sich schwer mit speziellen Produkten in der leicht verklemmten Heimat. Mit Fast Food oder gar Alkohol in den Händen würden sie sich daheim nie ablichten lassen. In Asien hingegen lassen sie die Sau raus. Harrison Ford drehte mal für ein japanisches Label. Er wandert da auf der Suche nach dem ultimativen Kick durchs nächtliche Tokio, bittet wildfremde Passanten um eine Flasche. Seitdem heißt Indiana Jones in Japan »Mister Bier«. John Travolta seinerseits tänzelte als Pate für Shochu (Hochprozentiges aus Süßkartoffeln) vor sich hin, grinste unmotiviert in die Kamera und verkündete in fließendem Japanisch: »Tokyo Drink!«

Merke: Eine Kampagne ist immer dann am erfolgreichsten, wenn sie den Zuschauer ein bisschen nervt. Dann merkt man sich's nämlich.

Meine zweitbeste und telegene Freundin Gudrun wurde voriges Jahr auch zu einer Art Werbe-Ikone, wie sie mir jetzt bei einem Glas Küstennebel mit Crème-fraîche-Haube vorprahlte. Es ging um ihr Lieblingsthema Schuhe. Sie hatte an einem Casting für einen Onlineshop teilgenommen, wurde auch genommen, allerdings für was anderes. Sie kennen vielleicht diesen Clip mit der Mutter und dem dicken Kind in der Autowerkstatt, wo die Windschutzscheibe nach einem Steinschlag ruck, zuck ausgetauscht wird? Das ist sie, meine Gudrun!

Der Spot lief leider nur einmal. Sie hat angeblich genuschelt.

Wahrscheinlich wird sie mir das noch häufiger erzählen, wenn wir so zusammensitzen auf ihrem Sofa – mit Kaltschaumpolsterung, Wellenunterfederung im Sitzbereich, formschöner Absteppung und verstellbaren Kopfpolstern, im Lieferumfang enthalten … Hach, man kann ja doch nicht raus aus seiner Haut!

EIN UPGRADE VOM STANDESAMT? »RICHTIG« VERHEIRATET ODER: MEIN PERSÖNLICHES HIGHLIGHT

Wat fott es, es fott – diese kölsche Weisheit gilt immer besonders zum Jahresende. Aber manchmal bleibt auch was. In diesem Fall: die »Ehe für alle«, mein persönliches Highlight 2017! Dem Himmel sei Dank und vergelt's Gott! Für mich war es wie ein zweiter Mauerfall!

Es kam ja auch ähnlich spontan und holterdiepolter nach nur dreißig vertagten Abstimmungen im Bundestag und jahrelangem Hickhack der Parteien: zack, am Montag ein Merkel-Machtwort bei einer »Brigitte«-Podiumsdiskussion, am Freitag im Bundestag dann Nägel mit Köpfen. Mit viel Spaß in den Backen und bevor jemand auf die »War gar nicht so gemeint«-Taste drückt, stimmten SPD, Linke und Grüne dafür. Und frei nach dem Motto: »War was?« votierten auch ein Viertel der CDU-Abgeordneten, die das Gesetz zuvor hartnäckig blockiert hatten, für die Gleichstellung. Mittendrin: Bundes-Taktikerin Dr. Angela Merkel, die aus politischem Kalkül und gegen ihre innere Überzeugung die »Ehe für alle« möglich machte. Der Wind, den sie der Opposition ursprünglich aus den Segeln nehmen wollte, bläst ihr inzwischen volle Pulle ins Gesicht. Karma? Ach, et kütt, wie et kütt.

Aber schauen wir nach vorn.

Eigentlich habe ich es nämlich gar nicht so mit nostalgischen Rückblicken. Ähnlich wie meine zweitbeste Freundin Gudrun. Gern singsangt sie zu vorgerückter Stunde im breitesten Rheinisch beschwingt in ihre Weinschorle: »Wat weg is, is weg!« Dabei schaut sie immer so, als wäre das Wasser im Rhein goldener Wein und sie selbst darin – das Fischelein.

Nun, der Kolumnist will nicht zum reimenden Hofnarr werden, dafür ist das Thema zu ernst. Denn auch wenn es in dreizehn europäischen Staaten – darunter so katholische Länder wie Irland und Spanien – inzwischen die gleichgeschlechtliche Ehe gibt, in viel zu vielen anderen Ländern ist Diskriminierung und Gewalt gegen Lesben und Schwule an der Tagesordnung. Vielleicht erbarmt sich ja bald auch der Papst. Gehört doch eh zu seinem Job. Nach dem Ehe-für-alle-Coup sind wir hier in Deutschland nun eher mit Luxusproblemen beschäftigt. Denn die Frage ist ja: Was machen jetzt Menschen wie ich, die in einer sogenannten eingetragenen Lebenspartnerschaft zwischen den Stühlen leben, also in einer halb garen Ehe?!

Nun, ganz einfach, man kann sich quasi vom Standesamt upgraden lassen, von »medium« auf »durch«, von Holzklasse auf First Class, von Kleinwagen auf SUV.

Ob ich das inzwischen auch gemacht habe? Ob ich also inzwischen »so richtig« geheiratet habe?

Donald Trump – oder der »Twittler«, wie ich ihn spaßeshalber aufgrund seiner vielen irren Posts nenne – würde so eine Meldung über ein namhaftes News-Network in die Welt zwitschern.

Aber ich habe ja zum Glück meine GALA-Kolumne. Die Antwort lautet: Jaha!

Happy New Yes-Year.

NEUSTART ZU NEUJAHR?
DAS IST DOCH WIE SCHREIENDE
KINDER IN DER KIRCHE ...

Gute Vorsätze!? Haben Sie welche? Es geht dabei ja meistens um recht schlichte Fragen des Mehr oder Weniger: essen, trinken, rauchen oder noch schlimmer: Sport!

Mit einem fetten Augenzwinkern kündigte Schauspielerin Drew Barrymore zum Jahreswechsel an, im neuen Jahr kleinere Unterwäsche kaufen zu wollen. Bombeneinfall! Das habe ich auch schon mal probiert – habe aber trotzdem nicht reingepasst. Oscar-Preisträgerin Helen Mirren nimmt sich jedes Jahr dasselbe vor: nichts mehr aufschieben! Kenne ich. Gegen »Aufschieberitis« hilft noch nicht mal was von Ratiopharm (oder Aspirin).

Mit dem Essen aufzuhören ist jetzt vielleicht auch keine besonders prickelnde Idee. Aber genau das muss sich »Jurassic Park«-Star Chris Pratt auf seine persönliche

To-do-Liste vor ein paar Jahren gekritzelt haben. Wie sonst hätte er vom Mega-Moppel zum Mucki-Model mutieren können? Etwa durch grausamen Sport? Das brauche ich Gott sei Dank nicht. Ich habe gute Gene.

Mein Vorsatz für letztes Jahr hatte übrigens ausnahmsweise mal durchschlagenden Erfolg. Das Projekt hieß: Werbe-Wurfsendungen vermeiden. Das Ergebnis: kein Gramm abgenommen, aber 25 Kilo Papier weniger. Einfach »Keine Werbung« auf den Briefkasten pappen. Null Aufwand – irre Wirkung!

Tja, gute Vorsätze kann man eigentlich auch Mitte März, Ende Oktober oder am 17. Juli fassen. Meinetwegen auch am Nikolaustag. Da ist die Chance vermutlich größer, dass man sein Vorhaben auch durchzieht und nicht erdrückt wird von der allgemeinen Neujahrs-Erwartungswelle.

Denn, ehrlich, normalerweise läuft es doch so: In den ersten Wochen des frischen Jahres stellt man fest, dass es nicht so viel anders ist als das vorausgegangene. Der Nachbar macht immer noch denselben Krach. Ein Zigarettchen kann nach wie vor nicht schaden. Und warum sollte man eigentlich nicht doch ab und zu zwei gehäufte Esslöffel Sahne auf seinen Bio-Kokoskuchen packen? Außerdem: Wer, bitte, joggt bei strömendem Regen? Der Mensch hat Fehler, und er macht auch welche.

Meine zweitbeste und völlig vorsatzfreie Freundin Gudrun ist da ausnahmsweise ganz meiner Meinung, wie sie mir auf ihrer Silvesterparty beim selbst gemixten Jahresend-Punsch à la Gudrun gestand. Der ist übrigens recht fix gemacht. Da kommt alles rein, was Gudrunchen übers Jahr nicht ausgetrunken hat. Das Ganze wird mit Zucker angereichert und kurz aufgekocht. Null Aufwand – irre Wirkung! Wobei in diesem Jahr für meinen Geschmack zu viel Edel-Kirsch drin war. Da ist man dann breit vor der Zeit.

Gudrun meinte jedenfalls, ihr verstorbener Onkel Leo habe immer gesagt: Gute Vorsätze sind wie schreiende Babys in der Kirche. Sie gehören unverzüglich entfernt.

Allerdings hat my Second Best Friend hochtrabende berufliche Pläne. Ein tolles Start-up. Gudrun eröffnet im Januar eine Mucki-Bude in Köln-Nippes mit dem Namen »Der gute Vorsatz«, kassiert ordentlich Aufnahmegebühren, und bereits im Februar wandelt sie das Ding um in eine Kneipe namens »Zur Reue«. Müsste laufen.

Meine Katze hat sich vorgenommen, weiterhin sinnlos in die Gegend zu starren. Und ich bleibe bei meinem altbewährten Motto: Lieb sein kostet nix und bringt viel ein.

GEDRÄNGEL IM WELTRAUM ODER: STARS IN DER SCHWERELOSIGKEIT

Es gibt so Tage, da könnte ich meine zweitbeste Freundin Gudrun auf den Mond schießen. Wenn sie mal wieder alles besser kann, egal ob Kochen, Anlageberatung oder Raumfahrt. Dass sie sich nun tatsächlich als Mitfliegerin beim »Mars One«-Projekt beworben hat, nötigt mir aber Respekt ab. Chapeau! Oder wie die rheinische Raumfahrerin sagt: Helm ab, Liebschen!

Ausflüge ins All ohne extra Ausbildung sind in greifbare Nähe gerückt. So ließ Multimilliardär Richard Branson eigens für hippe Weltraumurlauber das »Space Ship Two« entwickeln. Das bisschen Schwerelosigkeit wird seine handverlesenen Passagiere demnächst exorbitante 250 000 Dollar pro Hobby-Kosmonauten-Kopf kosten. Passt!

Viele Celebritys haben sich bereits angemeldet. Lady Gaga möchte an der Grenze zwischen Erdatmosphäre und Weltall ein Konzert geben. Leonardo DiCaprio will das keinesfalls verpassen und sicherte sich einen Logenplatz. Space-Cowboy Ashton Kutcher sowie Gattin Mila Kunis outeten sich als Passagiere Nr. 500 bzw. 501. Und Kate Winslet bekam ihr Ticket sogar von Branson geschenkt. Man ist schließlich verschwippschwägert. (Kate heiratete Ned Rocknroll. Einen Branson-Neffen. Leo war Trauzeuge. Galaktisch!)

Selbst Stephen Hawking, der geniale britische Astrophysiker, wollte mit von der Partie sein, obwohl er im Rollstuhl saß. »Ich war ja auch schon in Kanada und in Kalifornien«, lautete seine plausible Begründung. Justin Bieber kündigte indes an, er werde während des Flugs das erste Video im statt nur unterm Sternenhimmel drehen. So hatte sich Hawking seinen ersten Weltraumtrip vermutlich nicht vorgestellt.

Logbuch der »Enterprise«, Sternzeit 08/15: Die Gaga singt, der Bieber filmt, und die Kutchers turteln sich durch unendliche Weiten.

Die (holländische) »Mars One«-Mission basiert übrigens auf der Schnapsidee, dass man per One-Way-Ticket reist, sein restliches Leben als Marsmensch fristet und rund um die Uhr im »Big Brother«-Stil von TV-Kameras beobachtet wird. Da oben dauert jeder Tag gut eine halbe Stunde länger als auf der Erde. Das kann sich ziehen.

Ein roter Sportwagen für den Roten Planeten ist wiederum der Plan von Elektroauto-Pionier Elon Musk. Demnächst will er per SpaceX-Rakete einen Tesla Roadster Richtung Mars schießen. Im Autoradio läuft David Bowies »Space Oddity«. Mein Vorschlag: Warum nicht noch einen ollen Diesel-Volkswagen dazupacken? Da dudelt dann Willi Millowitschs »Wir sind alle kleine Sünderlein …«

Wenn Sie mich jetzt persönlich fragen: Es gab schon Schweine im Weltall. Affen und Terrier. Amerikaner, Russen, Deutsche, Chinesen. Was soll ich da noch als Rheinländer? Ich finde, es gibt hier unten genug Herausforderungen. Versuchen Sie mal, pünktlich mit der Bahn von Bielefeld nach Osnabrück zu kommen. Abenteuer pur!

Für die ersten »Mars One«-Kolonisten soll nun angeblich im Jahr 2032 der Countdown runtergezählt werden, und meine Second BFF will es mit aller Macht unter die »glücklichen 40« schaffen. Nach dem Simulationsflug in der Humanzentrifuge des niederländischen Raumfahrtzentrums forderte sie ein Glas Jägermeister auf Eis. Man war darüber »niet amuseert«, und so liegt sie derzeit nur auf Startplatz 4711. Vielleicht wird mein Gudrunchen doch nicht für immer verduften.

Ich drücke Sie zentrifugal!

ENDLICH WIEDER DSCHUNGELCAMP!
WUNDERBAR, WENN SICH C-PROMIS
ZUM AFFEN MACHEN ...

Ich liebe Fernsehen. Jawoll, dazu stehe ich, trotz öffentlich-rechtlichem Inga-Lindström-Brei und privater Schwieger-tocher-Sucherei. Die Hoffnung auf Qualität bleibt. Mein Lichtblick: Marietta Slomka vom ZDF. Klar, klug, integer.

Manchmal ist mir nach Dokus. Nasenaffen in Malaysia: toll! Aber die laufen leider viel zu selten. Diese Lücke füllt jetzt zum Glück wieder das RTL Dschungelcamp. Da kann ich spektakuläre Landschafts- und Tieraufnahmen bewundern. Daumengroße Kakerlaken, handtellergroße Spinnen, niedliche Kängurus. Zumindest deren primäre Geschlechtsteile, die als Zwischenmahlzeit kredenzt wer-den. Hat ja grundsätzlich auch etwas Wissenschaftliches.

Sie sagen vielleicht: »Dschungel? Ist unter meinem Niveau.« Na sicher doch, keiner guckt, aber alle haben's gesehen. Genau das ist der geniale Trick der Erfinder. Und falls Sie gar zu den Hassern gehören: Dieses Prinzip macht die Show erst recht zum Erfolg. Kennt man auch aus der Musikbranche, denken Sie nur mal an Heino.

Bei mir ist es inzwischen so, dass ich wie vor dem ESC oder einem Fußball-WM-Finale die Tage zähle, bis die Dschungel-Trash-Truppe endlich wieder erscheint, um sich danebenzubenehmen. Die Teilnehmerliste zu Staffel zwölf konnte ich kaum erwarten. Doch dann das: Tina York ist fast der einzige Name, der mir was sagt! Ihr Kolumnist ist über fünfzig, da hat man Hits wie die »Liechtensteiner Polka« oder »Wir lassen uns das Singen nicht verbieten« im persönlichen Evergreen-Repertoire. Aber Kattia, Ansgar und Daniele? Tja. Ein fiestasüchtiger Costa Cordalis oder eine sich g'schamig zierende Dolly Buster: Mit solchen Show-People hat man die Dschungel-Fernsehabende einst gern geteilt.

Falls Sie nun übers Wochenende noch nichts vorhaben und beispielsweise Natascha Ochsenknecht einen Fresskorb mit Wurstwaren über den Zaun werfen wollen: auf nach Australien! Die Adresse lautet 366, Dungay Creek Road, 2484 Dungay, New South Wales. Man sitzt allerdings einen ganzen Tag im Flieger nach Brisbane und dann noch mal eine gute Stunde im Auto. Mir wäre das zu unbequem.

Also mache ich es mir daheim gemütlich. Laut Medienexperten ist das »gedämpfter Sadismus«. Das Zuschauerherz hüpft vor Vergnügen, wenn beim Maden-Essen alle Masken fallen, angesichts von Bösartigkeiten, Burn-out am

Lagerfeuer und Tränen im Überfluss. Wie herrlich unproblematisch erscheint einem da doch das eigene Leben!

Meine zweitbeste Freundin und Hobby-Sadistin Gudrun reicht dann als TV-Snack gern mal eine geschälte Kotzfrucht. Original aus dem Dschungel, gibt's inzwischen aber auch beim Discounter – in einigen Gegenden Asiens gilt sie als Delikatesse. Optisch ist das Teil unspektakulär, für die anderen Sinne hat es jedoch viel zu bieten. Der Geruch erinnert an ranzigen Schafskäse. Eine feine Magenbitternote schwingt mit. Darunter tarnt sich ein intensiv süßes Aroma. Geschmacklich erinnert das Ganze mutmaßlich an das Erbrochene von jemandem, der zu viele Berliner Ballen mit Vanille-Zwiebel-Füllung gegessen hat. Lassen Sie sich aber vom Namen dieser Frucht nicht in die Irre führen: Kotze riecht weniger ekelig.

Zum Glück haben Gudrun und ich einerseits Humor und schnäpseln andererseits ihren selbst gemachten Original-Straußeneierlikör. Damit kriegt man alles runter.

Ich bin ein Star … und drücke Sie!

BEATRIX WIRD ACHTZIG.
DIE ECHTE.
OB ES DA WOHL WIEDER LECKER
MITTAGESSEN GIBT?

Prinzessin Beatrix, Ex-Königin der Niederlande, wird 80 Jahre alt.

Schon vorab lädt sie illustre Gäste in den Palast im Herzen von Amsterdam. Der liegt schön zentral zwischen dem Erotik- und dem Marihuana-Museum.

An diesem großen Jubiläum kann ich nicht einfach pfeifend vorbeispazieren. Denn seit dem 25. April 1991 ist Beatrix ein Teil von mir.

Die Monarchin hatte sich an dem Tag bei Bundespräsident Richard von Weizsäcker in Berlin angekündigt und ahnte nichts Böses. Staatsbesuch halt. Ich wiederum steige an jenem Morgen um 7.30 Uhr in die Linienmaschine von Bremen nach Berlin. Bereits im vollen Ornat, mit Samtkostüm und royalblauem Pillbox-Hütchen. Erstaunlich:

trotz des Outfits kein komischer Blick, kein schräger Kommentar.

Begonnen hatte der Tag für mich um 5.30 Uhr bei meinem Heimatsender Radio Bremen. Meine Lieblings-Maskenbildnerin Bärbel Bolz verwandelte mich in »die Beatrix«. Hut und Kostüm waren maßgeschneidert. Hinter uns lag eine monatelange Planung. Ursprünglich wollte ich Ihre Majestät vis-à-vis interviewen. Wollte der Hof aber nicht. So dachten wir uns irgendwann fröhlich: Hey, geht Hape eben als Beatrix zu Richie.

10.30 Uhr. Ich sitze in Berlin in der fetten Limousine – und mir wird mulmig. Im Lederpolster versinkend frage ich mich, ob das wirklich eine gute Idee ist. Kein halbwegs vernünftiger Sicherheitsmann wird mich je in dieser Aufmachung vors Schloss Bellevue lassen!

Ich atme tief durch. Als wir auf den Kiesweg einbiegen, bin ich die Ruhe selbst. Doch der Wagen wird sofort gestoppt und gequält freundlich vom Hof gejagt. Feierabend, denke ich. Übermorgen dreh ich eh was Besseres: Da gebe ich einen polnischen Opernsänger, der »Hurz« trällert. In diesem Moment sehe ich aus dem Augenwinkel, wie sich der Schlagbaum öffnet, damit das Wachbataillon der Bundeswehr vor dem Schloss aufmarschieren kann. Ich weise meinen Fahrer Werner an, die Gunst der Sekunde zu nutzen und durchzupreschen.

Welche Straftat begehe ich eigentlich gerade? Hausfriedensbruch? Majestätsbeleidigung? Gar Hochverrat?

Alle Gags, die ich mir vorher ausgedacht hatte, streiche ich im Kopf. Das Ganze muss auf einen Punkt reduziert werden: Ich bin die Beatrix und will ein lecker Mittagessen! Im schlimmsten Fall läuft das auf Mundraub hinaus …

Vorm Hauptportal kommt unser Wagen zum Stehen. Mit großem Hallo klettere ich aus dem Auto, mache mit wedelnden Armen und trampelig wie ein westfälischer Jungbulle alle Welt auf mich aufmerksam. Wer sich so aufführt, ist zwar sonderbar, aber nicht gefährlich. Die versammelten Journalisten starren mich an. Plötzlich ruft ein niederländischer Pressevertreter: »Ons Bea!«, also: »Unsere Bea! Erkennt ihr sie nicht?« Da stürmen alle auf mich zu. Es trifft ihren Humor.

Den Rest kennen Sie vermutlich. Für eine Minute war ich die Königin der Niederlande.

Bundespräsident von Weizsäcker fand die Nummer übrigens ziemlich unterhaltsam, wie er mir viel später mal bei einem Partyplausch im Park des Bellevue verriet. Eine offizielle Reaktion vom niederländischen Königshaus gab's nie.

Doch eine Prinzessin aus einem anderen europäischen Fürstenhaus erzählte mir, sie habe Königin Beatrix bei einem privaten Abendessen nach ihrer Meinung zu dem Sketch befragt. Angeblich antwortete Beatrix: »Wissen Sie, ich liebe gute Arbeit. Und das war gute Arbeit.«

Meine zweitbeste Freundin Gudrun ist wie ich Oranje-Fan. An ihrem Geburtstag werden wir einen Beatrix-Birthday-Youtube-Abend feiern und uns von der Inthronisierung bis zur Abdankung noch mal alles reinziehen. Dazu genießen wir Genever und »Holländer mit Pfeil im

Rücken«. Wie, kennen Sie nicht!? Na, lecker Käsehäppchen am Zahnstocher.

Hartelijk gefeliciteerd, Koninklijke Hoogheid! – Herzlichen Glückwunsch, Prinzessin Beatrix!

Ik duw je!

KAMELLE, SALSA UND BÜTZCHEN: WARUM KARNEVAL UNS ALLE VERBINDET

Die fünfte Jahreszeit ist in vollem Gange. Fasching, Fastnacht, Karneval: Von jetzt auf gleich werden wir da im Rheinland raderdoll. Wolle mer 'n roilosse, den Fun-Faktor? Ich bin dabei!

Alles läuft natürlich auf das Highlight hinaus, die Zeit um den Rosenmontag herum. Im Geiste sehe ich mich schon wieder Konfetti werfen, Kamelle fangen und Gassenhauer trällern. Da können Sie mich für drei Tage komplett abhaken. Und bei meiner zweitbesten Freundin Gudrun gleich noch ein paar Tage dranhängen.

Als Leichtmatrose durfte ich mal auf einem Mottowagen im Düsseldorfer Rosenmontagszug anheuern und selbst Kamelle werfen. Unvergessen! Das ist für eine rheinische Frohnatur mindestens so spektakulär wie für andere ein Ticket für die Hochzeit von Harry und Meghan.

Einmal lud mich die gute Hella von Sinnen an Karneval zu sich ein. Wir wollten den Kölner Zug von der Fensterbank aus genießen, ganz klassisch mit verschränkten Armen auf einem Sofakissen. Aber dann juckte es uns doch, mittenmang zu sein. Problem: Wir hatten keine Kostüme parat, und in Zivil trauten wir uns nicht unters tobende Volk.

Doch Helli-Propelli ist immer für eine Überraschung gut. In ihrem privaten Fundus fanden sich eine Hühnermaske samt quietschgelber Federboa und ein pinkfarbener Ski-Anzug mit Pudelmütze und Brille. Hella als übergewichtige Rosi Mittermaier und Hape als Moppel-Chicken: Wir blieben tatsächlich unerkannt. Was für ein närrischer Spaß!

Auf den Straßenkarneval lasse ich nix kommen. Trotz des unappetitlichen Wildpinkel-Phänomens. Köln knöpft dem blasenschwachen Herrn inzwischen 200 Euro ab. In Mainz sind es nur 75 Euro Strafe, in Düsseldorf sogar nur magere 35 Euro. Welche Schlüsse Sie jetzt aus diesen Summen ziehen, überlasse ich Ihnen.

Das diesjährige Motto in Köln heißt passenderweise: »Mer Kölsche danze us der Reih.« Der offizielle Mottoschal – 189 Zentimeter, 100 Prozent Acryl, 15 Euro – hat eine jecke Zusatzfunktion, eine kleine Tasche mit Reißverschluss. Da passt das Handy rein. Oder eine Puderdose zum Nachschminken. Oder auch andere liebevolle kleine Helferlein.

Die werden vermutlich überall auf der Welt beim Karneval gebraucht, ob in New Orleans oder auf Barbados, wo Rihanna im Mini-Fummel und mit Federn auf dem Kopf tanzt. Oder in Rio, wo so unterschiedliche VIPs wie Pam Anderson, Jude Law und Gisele Bündchen plötzlich gemeinsam die Samba-Sause bejubeln. Ich sag ja: Karneval verbindet. Das Leben ist wie eine wackelige Hängebrücke über einer tiefen Schlucht. Weihnachten, Ostern und Karneval sind das Halteseil, an dem wir uns übers Jahr tapfer entlanghangeln können. Greifen wir also danach! Zivilisation entsteht durch gelebte Tradition. Das Wildpinkeln würde ich allerdings nicht dazuzählen.

Das Bützchen hingegen, der Wangenkuss, gehört unstrittig zum Brauchtum. Wer das bereits als sexuelle Belästigung auffasst, sollte dem Karneval lieber fernbleiben. Sagt mein Anwalt.

Gudrunchen geht übrigens immer als Horst Schlämmer, der Schmuddel-Lokalreporter. Sie bedient sich dafür klamottentechnisch in meiner Rumpelkammer, so spart sie Geld für die »noch wichtigeren Dinge des Lebens«. Apropos: Falls auch Sie am Rosenmontag in Köln unterwegs sind – Sie erkennen Gudrun am Eierlikörfläschchen. Doornkaat verträgt sie erstaunlicherweise nicht.

Alaaf, Helau und Aloha!

»HAPE, DU HIER?«
MIT SCHNEEWITTCHEN AUF
ELTON JOHNS OSCAR-PARTY –
UND WO TROPHÄEN NACH
DER PREISVERLEIHUNG LANDEN

Früher regnete es zwischen Januar und März Preise. Inzwischen ist das ein wahrer Trophäenhagel, denn gefühlt werden es immer mehr »Goldene Irgendwas« zwischen Globe und Grammy, Kamera und Bär und dem Oscar als Höhepunkt der Award Season.

Sie wissen schon: »Oh! My! God! Ich danke meinem Hund, meinem Psychiater und meiner Frau, und zwar in dieser Reihenfolge!«

Auszeichnungen und Preise sind wie Hämorrhoiden – früher oder später bekommt sie jedes Arschloch.

Ich will mich hier nicht mit fremden Federn schmücken: Der Spruch ist von Regie-Legende Billy Wilder. Kluger Mann. Aber tief drinnen im Herzen mochte der oft Geehrte die Würdigung seiner Arbeit bestimmt auch.

Voriges Jahr war ich zum ersten Mal quasi live beim Oscar, als Gast auf Elton Johns Viewing-Party in West Hollywood. Sharon Stone und Ricky Martin, Caitlyn Jenner und Heidi Klum feierten ebenfalls feuchtfröhlich mit. Allerdings war keiner von uns für lau eingeladen. Man spendet dort sehr großzügig für ein Ticket. So fördern Elton John und sein Ehemann David Furnish beeindruckende Projekte für HIV- und Aids-Betroffene. Ich greife da gerne tief ins Portemonnaie.

Die Location: Wahnsinn! Nach einem etwas nüchternen Eingangsbereich öffnen sich riesige Zelte in Weiß, Blau und Pink, darin unter Kandelabern lauter Blumenmeere. Blitzlichtgewitter hüllt alles in einen märchenhaft diamantenen Schein. Das kann nur Hollywood!

In der Glamour-Menge entdecke ich eine Platin-Blondine um die 60 im spacken Gold-Outfit. Lindgrüne Wimpern, fliederfarbene Lippen. Lediglich ihr (randvolles) Champagnerglas wirkt dezent. Der Ruhrpottjunge in mir starrt diese Erscheinung mit offenem Mund an. Da stürmt sie mit weit geöffneten Armen auf mich zu und brüllt mir ins Ohr:

»Hape, du hier!? Wir kennen uns aus Düsseldorf! Ich bin doch die Brigitte und mach in Immobilien! Du hast dir mal 'ne 80-Quadratmeter-Wohnung von mir angeguckt. War dir aber zu teuer, weißte noch?«

Was ich für Leute kenne! Doch schon hat Brigitte jemand Neuen entdeckt. »Da ist Mel Gibson, da muss ich hin, bin ja solo. Verstehste sicher.« Ich schon. Aber Herr Gibson?

In einem der Rosenbeete steht eine wunderschöne Dunkelhaarige in roter Robe. Das gesamte Zelt starrt sie an, sogar die Schwuppen. Aus welchem Blockbuster müsste man sie kennen??? Auf einmal trippelt Schneewittchen zielsicher auf mich zu, flüstert schüchtern: »Darf i bei dir bleiben, Hape? Waast, i kenn hier niemanden, i bin die Lydia aus Wien und Bloggerin.« Klar doch, ich helfe immer gern, ob als Gast, Host oder Preisträger. Fünfmal durfte ich beispielsweise die Goldene Kamera moderieren, sie viermal selbst mit nach Hause nehmen. In meinem Büro haben die Kameras einen Ehrenplatz. Sie bekommen allerdings mit den Jahren schwarze Beine. Da hilft Poliboy. Der Bambi hingegen rostet grünlich im Schritt. Kann man nix machen. Kinder, was freu ich mich auf die diesjährige Oscar-Viewing-Party im Hause meiner zweitbesten Freundin Gudrun! Wir werden in der langen Oscar-Nacht Gudruns allerjüngste Cocktailkreation »Roter Teppich« genießen. Das Rezept für zwei Personen: 0,3 l Wassermelonen- und 0,1 l Limonensaft, 0,3 l Campari, 2 Scheiben Rote Bete als Deko am Glasrand, trockener Gin nach Gusto.

Für den Tag danach hat Gudrun einen »Californian Kater« angekündigt. Da erspare ich Ihnen die Details.

DOUZE POINTS VON MIR FÜR DEN ESC!
(UND WARUM USCHI BLUM NICHT IN MOSKAU GESUNGEN HAT)

Lust auf ein kleines Quiz? Was haben die norwegische Sängerin Wencke Myhre, die deutsche TV-Legende Heinz Schenk, Nena und meine Wenigkeit gemeinsam? Na, klingelt's?

Wir haben alle mal die deutsche Vorentscheidung zum Eurovision Song Contest moderiert!

Abba, Céline Dion und Conchita Wurst hingegen haben den ESC (der früher schön melodisch »Grand Prix Eurovision de la Chanson« hieß) nie moderiert. Dafür haben sie den internationalen Wettbewerb gewonnen. Aus Nobodys wurden im Douze-Points-Flitter schillernde Weltstars. Der größte Musik-Event des Globus, von einigen als Trash geschmäht, besitzt in Wahrheit eine riesige künstlerische Sprengkraft.

Und er kann noch viel mehr: Ενωμένοι στην πολυμορφία!
Das war Griechisch und bedeutet »in Vielfalt geeint«.
Mon dieuchen, so wird das Motto der EU lebendig. Doch
weiter mit meinem Quiz. Wer wurde 1976 Fünfter? Rich-
tig, das Duo Waterloo & Robinson für Österreich mit
»My Little World«. Und wer landete 1982 auf Platz acht?
Natürlich die Chips aus Schweden mit »Dag Efter Dag«.
Mörder-Hit. Dieses Jonglieren mit Zahlen und Songtiteln
mag vielleicht an Angeberei grenzen. Ist mir als einge-
fleischtem Fan aber eurovisionsfanfarenschnuppe.

Begonnen hat meine Liebe 1974 vor dem Fernsehgerät
bei Kartoffelsalat und Käsehäppchen. Als Abba siegten,
war ich zehn und der Traum vom geeinten Europa blut-
jung.

1987 durfte ich als Radioreporter des Bayerischen Rund-
funks zum ersten Mal live beim großen Finale dabei sein,
im Brüsseler Congress Centre unterm Atomium. Johnny
Logan gewann furios mit »Hold Me Now« zum zweiten
Mal für Irland. Vor dem Spektakel hatte ich bereits in der
Hotellobby auf einer gemütlichen Ledercouch stunden-
lang alle mit meinem Fachwissen bombardiert. Es gibt
Schlimmeres. Zum Beispiel Leute, die den Fahrplan der
Deutschen Bahn auswendig herunterbeten können.

Zu meiner Begeisterung saß im Kongresszentrum nur
fünf Plätze von mir entfernt das künftige Königspaar der
Belgier, Albert und Paola. Ein doppelter Spaß für mich,
denn Royals liebe ich ja auch.

2010 gehörte ich mit Mary Roos, der Kaiserin des Schla-
gers – die 1972 mit »Nur die Liebe lässt uns leben« selbst

den dritten Platz belegt hatte – zur deutschen Jury. Lena versüßte uns den Oslo-Kurztrip mit ihrem Sieg, bei dem sie ganz Europa verzauberte.

Ein Jahr zuvor hätte ich übrigens meine eigene kleine ESC-Karriere krönen können, und zwar mit einer Teilnahme in Moskau. Die deutsche Fachjury hatte in geheimer Abstimmung Uschi Blum mit »Sklavin der Liebe« ausgewählt. Das Ticket nach Russland hatte die Diva also in der Tasche. Doch dann wollte Horst Schlämmer just in jenem Jahr Bundeskanzler werden. Uschis internationale Gesangskarriere musste hintanstehen …

Was auch immer diesmal kommt: Meine zweitbeste Freundin Gudrun und ich machen schon beim Vorentscheid wieder unsere legendäre ESC-Party mit Mett-Igel und Fähnchen. Wir freuen uns auf Windmaschinen und Tonartwechsel, gerne auf Albanisch, Finnisch und Ungarisch. Höhepunkt wird unser kleines Trinkspiel sein, mit Conchita-Cocktail (viel Tequila, etwas roter Grapefruitsaft). Voriges Jahr lautete die Spielregel zum Finale: Immer dann ein Glas leeren, wenn Deutschland zwölf Punkte bekommt. Es wurde ein nüchterner Abend.

Dieses Jahr denken wir neu. Ich setze auf Spanien.

Un fuerte abrazo!

VIPS UND IHRE DOPPELGÄNGER: DOUBLE-FUN, ABER MANCHMAL AUCH DOUBLE-TROUBLE

So mancher eitle Durchschnitts-Promi hält sich für einzigartig. Pustekuchen! Denn irgendwo auf diesem kartoffelförmigen Planeten lauert jedem Menschen ein Lookalike auf.

Legen Sie mal Fotos von Daniel »Harry Potter« Radcliffe und Elijah »Der Herr der Ringe« Wood übereinander. It's magic – die beiden verschmelzen zu einer Person! Schlager-Flori Silbereisen sieht aus wie Blödel-Joko Winterscheidt. Keira Knightley wie Natalie Portman. Und Hollywood-Superstar Alec Baldwin inzwischen wie Berlins Klaus Wowereit. Dass Costa Cordalis locker als Kiss-Bassist Gene Simmons durchgeht, daran habe ich mich längst gewöhnt. Sie glauben ja gar nicht, wie oft ich selbst schon für eine andere Nase gehalten wurde.

Im Münchner Flughafenbus setzt sich vor etwa fünf Jahren ein Herr mit Aktenköfferchen neben mich. Dezent säuselt er: »Ich liebe Ihre Schauspielkunst. So intensiv, so berührend.« Natürlich freue ich mich, frage nach: »Denken Sie an eine bestimmte Rolle?« Der Herr, flüsternd: »Wie Sie diesen Psychopathen gespielt haben, das war einfach großartig, Herr Striesow ...«

Okay, es gibt da tatsächlich eine gewisse Ähnlichkeit. In der Konsequenz spielte der begabte Devid Striesow den »Ich bin dann mal weg«-Hape im Kino. Es war der kleine Dialog im Bus, der mich auf die Besetzungsidee brachte.

In einem Hamburger Taxi wiederum begrüßte mich mal der Fahrer mit den Worten: »Oh, die Prominenz. Aber Ihr Stinkefinger damals, das war ja wohl nichts. Als Fußballer sollten Sie ein Vorbild sein!« – Hape Kerkeling alias Stefan Effenberg? Bei dieser Taxifahrt habe ich mir dann doch etwas Sorgen gemacht, ob der Mann am Steuer rote Ampeln erkennt.

Die kurioseste Geschichte jedoch erlebte ich bei meinem ersten Indien-Besuch. Beim Einchecken im Ayurveda-Hotel in Kochi erscheinen zwei Pagen fürs Gepäck. Die Jungs starren mich begeistert an, mit so einem wissenden Grinsen. Schließlich sagt einer auf Englisch: »Was für eine Ehre, Sir. Sie wollen natürlich inkognito bleiben, aber dürfen wir Sie Mr. K. nennen?« Ich nicke geschmeichelt, wenn auch etwas verwirrt. Wieso kennen mich die sympathischen Inder?

Als ich das Hotel für einen ersten Spaziergang verlasse, stelle ich fest, dass die Euphorie des Personals mir gegenüber von der ganzen Stadt geteilt wird. Vor allem die Männer drehen schier durch und wollen Fotos mit mir machen. Warum bin ich in Indien beliebter als beispielsweise in Dortmund? Und wieso grölen einige Leute bei meinem Anblick: »South Africa is the best!«? Langsam werde ich skeptisch.

Zurück im Hotel will ich bei einem meiner treuen Anhänger an der Rezeption nachfragen. »Welcome back, Mr. Kalahari«, strahlt er. Ich korrigiere ihn freundlich und buchstabiere meinen Namen. Verschwörerisch zwinkert er mir zu: »Natürlich, ich verstehe …«

In meinem Zimmer ignoriere ich das Internetverbot des Hotels und google »Mr. Kalahari«. Mit folgendem Ergebnis: »Jacques Henry Kallis, südafrikanischer Cricketspieler, Spitzname Mr. Kalahari.« Im Cricket-begeisterten Indien ein Superstar. Als ich sein Foto sehe, habe ich das Gefühl, in den Spiegel zu schauen.

Dass ausgerechnet ich Sofa-Sack schon wieder für eine Sportskanone gehalten werde – drollig! Meine allerbeste Freundin, die Schauspielerin und Sängerin Isabel Varell (sorry, Gudrunchen, einmal musste ich mit dieser Info rausrücken) wird gern mit BR-Moderatorin Sabine Sauer verwechselt. Zwei sehr hübsche Frauen eben. Meine wunderbare, liebreizende zweitbeste Freundin Gudrun indes sieht aus wie eine Mischung aus Claudia Effenberg und Natascha Ochsenknecht. Allerdings mit schwarzen Löckchen und einem Hauch Wolfgang Joop. Ein einzigartiger Mix.

SUPERTRAMP UND AMANDA LEAR
AUSRANGIEREN?
ICH WERFE DOCH MEINE JUGEND
NICHT IN DIE TONNE!

Okay, ich sag's mal so, wie es ist: Man wird jeden Tag älter. Auch wenn man diesen Gedanken gern verdrängen möchte wie einen hartnäckigen Ohrwurm – in beiden Fällen ist das oft ein erfolgloses Unterfangen. Zufällig stolperte ich neulich über die Meldung, dass die »Bravo Hits Compilations« runden Geburtstag feiern. 100. Ausgabe! Boah, denke ich, so viele schon. Plötzlich entdecke ich, dass ich selbst auf Ausgabe Nr. 1 mit meinem Chartstürmer »Hurz« vertreten war, neben Depeche Mode und New Kids On The Block. Vor mehr als einem Vierteljahrhundert! Gulp!

Heute könnte ich locker der leicht untersetzte Vater meines damaligen schlaksigen Ichs sein. Dabei komme ich mir immer noch jung vor. Das ist falsch, ich weiß. Aber ernährungstechnisch ist es bekannterweise auch falsch, Käsekuchen zu essen. Und? Halten Sie sich dran?

Ein Grund dafür, dass ich mich 2018 wie schnuffelige Mitte zwanzig fühle: Meine Lieblingsmusik ist dieselbe geblieben. Oft verbunden mit schönen Erinnerungen. US-Wissenschaftler haben in langen Studien herausgefunden: Harmonien intensivieren Glücksgefühle. Die hätten mich direkt fragen können – stimmt!

Meine zweitbeste Freundin Gudrun behauptet, man muss nur an den Ententanz denken, und der Tag wird gut. Also: Da-da-da-da-da-da-daaa …

Jetzt summen Sie das Ding vermutlich die nächsten drei Stunden vor sich hin. Wie Sie Abhilfe schaffen können, verrate ich Ihnen etwas später.

Ich besitze immer noch meine alte Schallplattensammlung. Komplett. Ich werfe doch meine Jugend nicht in die Tonne! Cat Stevens, Supertramp, Herman van Veen, Abba und – ja, ich gebe es zu, ohne rot zu werden – alle LPs von Amanda Lear. Die vietnamesisch-französische androgyne Teilzeitgeliebte vom Herrscher über die Siebziger, David Bowie. Ach, hätte ich doch im Deutschunterricht Schillers »Glocke« so gut auswendig aufsagen können, wie ich »Hot Stuff« von Donna Summer drauf hatte! Wummernde Discorhythmen. Thema: leichte Mädchen. Sie können mich heute noch nachts um drei wecken, und ich singe los.

Meine allererste, vom Taschengeld hart ersparte 5-D-Mark-Single sieht inzwischen zwar nicht mehr ganz taufrisch aus, doch der Song bleibt ewig der Hammer:

»Rockin' All Over The World« von Status Quo. Die Scheibe knackst seit 40 Jahren an derselben Stelle, »… And Here We Are, And Here We Are«. Toll! Da fühle ich mich jedesmal so, als hätte ich wieder meinen kuscheligen Nickipulli an und Tintenkleckse an den Fingern. Ich kann den Song sogar sehen! Das Cover hielt man früher nämlich während des Hörgenusses feierlich in der Hand und starrte drauf. Ein Youtube-Clip quasi, nur ohne Youtube und ohne Clip.

Heute starren die meisten in die Cloud oder Alexa an, die alles auf Wunsch spielt, es sei denn, sie hat einen ihrer irren Momente. Demnächst reicht sicher schon der Gedanke an ein Lied, und der im Schläfenlappen implantierte Chip spielt es ab.

Die erfolgreichste »Bravo Hits Compilation« stammt übrigens aus dem Jahr 1999, unter anderem mit Lou Begas »Mambo No. 5« und seinen Freundinnen Monica, Erica, Rita und Tina. Wetten, dass Sie jetzt wieder einen Ohrwurm haben?

Meine zweitbeste Freundin Gudrun kennt das Gegenmittel: Luftgewehrschießen. Inzwischen ist sie so treffsicher, dass sie voriges Jahr Dritte bei der Rheinischen Meisterschaft wurde. Was haben wir gefeiert! »We Are The Champions!!!«

Ich drücke Sie mit jugendlichen 33 1/3 Umdrehungen!

WER DIE WAHL HAT, BEKOMMT KNACKWÜRSTE UND SENF. UND EINEN NEUEN BUNDESPRÄSIDENTEN

Wenn Sie meine vorige Kolumne gelesen haben, dann wissen Sie, dass ich ein absolut hingebungsvoller Musikfan bin. Stichwort: Amanda Lear. Aber wussten Sie auch, was ich sonst noch glühend verehre? Unsere Fußballnationalmannschaft und unsere Demokratie. Allerdings bin ich so gar kein Freund von Volksabstimmungen. Das kann nämlich richtig ins Auge gehen. Allein der Brexit, what a mess! Ein bisschen Europa fährt im Linksverkehr unumkehrbar vor die Wand.

Wohlweislich haben die Mütter und Väter unseres weltweit gerühmten Grundgesetzes auf das riskante plebiszitäre Element verzichtet. (Ja, ich kann auch Fachchinesisch.) Wir geben unsere Stimme doch ohnehin oft genug ab. Europawahl, Bundestagswahl, Landtagswahl, Kommu-

nalwahl – und ich durfte voriges Jahr sogar den Bundespräsidenten mitwählen. Am 19. März war ich Mitglied der
Bundesversammlung.

Das Zweitwichtigste vorab: Die Würstchen mit Senf
und die Käsehäppchen auf kaltem Toast bei der CDU-
Fraktion waren sensationell lecker und irgendwie zu we-
nig. Die Suppe bei den Grünen hätte meinetwegen mehr
Pfiff haben können. Und wie zu erwarten, gab es bei der
SPD nach der Wahl toskanischen Rotwein.

Übrigens: Man wird nicht zum Mitglied der Bundesversammlung ernannt, sondern vom Landtag seines Heimat-
Bundeslandes auf Vorschlag der Fraktionen gewählt. In
meinem Fall hat mich die CDU in Nordrhein-Westfalen
vorgeschlagen und der Landtag in Düsseldorf gewählt. Als
Ruhrpottler bin ich allerdings von Geburt an Sozi. Unmit-
telbar nach der Geburt kriegen wir da alle eine rote Birne.
Aber genau »den Sozi« Steinmeier wollten die Christde-
mokraten ja ins höchste Staatsamt bringen. Passte also.

Am Tag der Wahl genießt man übrigens – strafrechtlich
betrachtet – Immunität. Ich hätte also meinen Wagen
quer vorm Kanzleramt parken können, selbst die Haus-
herrin hätte wenig bis gar nichts dagegen tun können.

Apropos: Am Vorabend gab es bei der CDU ein lockeres
Stelldichein mit Angela Merkel. Am kalten Büfett plauderte eine tiefenentspannte Kanzlerin. Amtsmüdigkeit?
Konnte ich nicht entdecken. Dafür gesunden Appetit und
eine angenehme Ausstrahlung.

Meine zweitbeste Freundin Gudrun hat die Wahl des
Bundespräsidenten damals am TV verfolgt. Bis heute be-

hauptet sie, ich sei mehrfach eingenickt. Und ich behaupte, ich hätte meine Brille vergessen und krampfhaft versucht, mein Programmheft mit zugekniffenen Augen zu entziffern.

Zur Wahlurne bin ich schließlich mit Kollegin Veronica Ferres gegangen. Sie hatte an dem Tag Füße und war froh, dass sie sich in ihren Wahltag-Pumps an mir festhalten konnte.

Es war eine rundum würdevolle Veranstaltung. Ich bin seitdem – Sie ahnen es – Fan von Elke Büdenbender, unserer First Lady. Sehr charmant, sehr kompetent, immer ungekünstelt. Klasse Frau. Sie und Kate beim Afternoon-Tea im Garten vom Bellevue, das hatte schon was. Solche Bilder erfreuen mein Kolumnistenherz.

Aber nun denken Sie nicht, dass ich wegen so ein bisschen Schlosskulisse, teurem Porzellan und Gewinke heimlich mit der Monarchie als Staatsform für Deutschland flirte. Nein, auf unsere Republik lasse ich nichts kommen!

FACEBOOK-FASTEN IST GAR NICHT SO SCHWER. NUR DIE AUSTRALISCHEN MUCKI-MÄNNER FEHLEN MIR JETZT EIN BISSCHEN

Ohne Toleranz geht es nicht. Ich zum Beispiel habe nichts gegen Veganer oder Facebooker. Auch nichts gegen Raucher, obwohl ich mich vor einiger Zeit nach 25 Jahren Kette aus dem Kreis der geselligen Qualmer verabschiedet habe. Mithilfe meiner thailändischen Homöopathin Pang übrigens, die mir ein Bitterkraut zum Kauen verschrieb. »Dami hö du betim au! Wid di chlecht von!«, rief sie mir beim Verlassen ihrer Praxis noch strahlend hinterher.

Schnell wurde mir tatsächlich nicht nur von dem modrigen Gewürznelken-Geschmäckle übel, sondern auch vom Nikotin. Vergelt's Gott, liebe Pang!

15 Kilo mehr bringe ich als Nichtraucher inzwischen auf die Waage. Weil ich jetzt mehr Luft bekomme und die sich halt ungünstig im Körper verteilt. Ein, zwei Pfünd-

chen würde ich ja gerne loswerden. Doch auch wenn Räuchertofu sicher nahrhaft ist – der Verzicht auf meine Pfälzer Leberwurst fällt mir schwer.

Wie ist es wohl, wenn man in Sachen soziale Netzwerke fastet? Pink forderte gerade, dass die Leute wieder mehr echte Gefühle zulassen sollten, statt sich online künstlich zu optimieren. Und George Clooney würde nach eigenem Bekunden eine im TV live übertragene Rektaluntersuchung jeder Facebook-Aktivität vorziehen. Keira Knightley hat ebensowenig Bock auf Zuckerbergs »Gesichtsbuch« wie Jennifer Aniston, die es als »so gefährlich wie einen Tanz mit dem Teufel« empfindet. Womit wir bei Vampiren wären. Robert Pattinson steht auch nicht auf Social Media. Von ihm gibt es nur unzählige Fake-Accounts.

Am 28. Februar war wieder »Ohne-Facebook-Tag«. Für mich der Anlass, einen riskanten Selbstversuch zu starten: Ich habe mich eigenhändig abgemeldet! Ich war auf alles gefasst. Auf einer Zigarettenschachtel findet man ja auch keine Anleitung, wie man aufhört und sich gut dabei fühlt.

Heute kann ich nun verkünden: Mir geht es gut, ich hab's geschafft. Ohne Selbsthilfegruppe. Bei Twitter, Xing und der AOK-Homepage klappt der Plan leider nicht. Da habe ich die Passwörter vergessen, um reinzukommen, um dann rauszukommen …

All die netten Facebook-Einladungen zu Ninja-Turtle-Warrior-Battles fehlen mir jedenfalls null. Selbst Apps wie »So würdest du als Filmstar aussehen« oder »Was ist dein

hawaiianisches Sternzeichen – Hibiskus oder Ananas?«
vermisse ich nicht. Keine Katzenvideos mehr. Keine Haus-
haltstipps von australischen Mucki-Männern. Wobei … in
diesem Fall muss ich sagen: schade eigentlich.

Auch über folgende Fragen muss ich mir keine Gedanken mehr machen. Wieso klingen die politischen
Glaubenssätze eines Account-Inhabers umso radikaler, je
schnuckeliger seine geposteten Hamster-Clips sind? Und
warum konsumieren weltweit Millionen Menschen Auto-
unfälle auf tief verschneiten russischen Straßen?

Für mich gilt nun: endlich kein Messenger-Pling-Plang-
Gebimmel mehr. Stille. Und Zeit für die wirklich wichti-
gen Dinge des Lebens wie Onlineshopping.

Meine zweitbeste Freundin Gudrun ist dagegen immer
noch begeisterte Facebookerin. Als ich ihr meinen Aus-
tritt mutig während einer nächtlichen Taxifahrt gestehe,
fällt ihr beim Nachschminken der Lippenstift aus dem
Gesicht. Sie blökt irgendwas von »weltfremd«. So schnell
gebe ich die Hoffnung aber nicht auf, dass sie mir folgt:
Schließlich ist auch sie seit Kurzem rauchfrei, wer hätte
das gedacht. Pang hat ihr das Kraut einfach lächelnd als
Likörchen verabreicht.

Ich drücke Sie ganz echt!

WASCHEN, SCHNEIDEN, WISCHMOPP DRAUF! MEIN PLÄDOYER FÜR HAARIGE JUGENDSÜNDEN

Was haben die Stars dem Manne von Welt nicht schon für unfassbare Trendfrisuren geschenkt!

Legendär der Sportler-Vokuhila von Völler bis Agassi. Da wehte im Nacken die lange Matte, während der Pony so kurz war wie der Rasen. Andersrum ist es beim immer noch angesagten »Messy« oder »Bangs«. Hier sitzt gefühlt das gesamte Haar direkt überm, am oder gar im Antlitz, und die Pony-Fülle lädt zum Dauerwuscheln ein. Das erklärt die etwas speckige Anmutung. Ashton Kutcher just loved it!

Als Topschnitt der Saison jedoch gilt der »Meet me at McDonald's«. Und der sorgt gerade für viel Aufregung.

Erst mal die Fakten. Berühmtester Träger ist Fußballweltstar Neymar. (Lassen Sie sich bitte nicht verwirren:

Dass der Brasilianer einen Haarriss auskuriert, ist eine ganz andere Geschichte.) Der Cut: Seiten geschoren, obendrauf auf dem Kopf dichte Wischmopp-Locken. Vor allem bei britischen Boys ist das der Renner. Deren Lehrer hingegen kriegen bei dem Anblick 'nen Föhn. Eine Spaßbremsen-Schule verbot die Frisur sogar, unter Androhung drakonischer Strafen.

Für mich klingt das eher nach Nordkorea als nach UK. Wo bleibt das berühmte britische Laisser-faire?

Wenn ich dran denke, wie ich selbst früher in die Schule gelaufen bin! Meinen blondierten Popper-Scheitel fand ich super cool. Den schwarzen Kamikaze-Mecki etwas später auch. Und erst die selbst eingedrehten Minipli-Löckchen! Mal ganz abgesehen von den Klamotten. Maler-Latzhose, Batikshirt, dazu Großvaters Tweedmantel. Ich habe es geliebt. Und der Lehrkörper blickte großmütig über all unsere Styling-Jugendsünden hinweg.

Wie sagt der Bochumer so schön: Relax yourself, Great Britain! Erinnert euch doch mal daran, was euer David Beckham schon alles on top getragen hat. Irokese und Strähnchen, Pferdeschwanz, Rastazöpfchen, Megatolle. Jede dieser Frisuren lag irgendwo zwischen zauber- und zweifelhaft. Doch gerade damit begründete Becks als erster metrosexueller Mann eine ganze Ära.

Mit meiner zweitbesten, extrem stilbewussten Freundin Gudrun überlegte ich dieser Tage, warum denn wohl der »Meet me at McDonald's«-Schnitt so heißt, wie er heißt. Kein Coiffeur konnte mir dazu etwas Erhellendes sagen. Vielleicht hat es mit den gekräuselten Salatblättchen zu tun, die man gemeinhin auf Ham-, Cheese- und sonstigen Burgern findet?

Allzulang hielt Gudrun sich nicht mit diesem Rätsel auf. Ich merkte, dass sie darauf brannte, mir etwas mitzuteilen, nämlich: Sie habe jetzt große Lust auf einen »Blow Dry Bob«!

Falls Sie gerade zusammengezuckt sind – was wie ein Softporno klingt, ist in Wahrheit der letzte Schrei aus Hollywood. In nur zehn Minuten kann frau aussehen wie ein Glamour-Sternchen. Dafür die Walle-Mähne in Strähnen teilen, einzeln aufdrehen, Partie für Partie mit dem Föhn sanft trocken pusten. Ein Glas Champagner dazu genießen, fertig.

Leider verliert dieser Star-Look manchmal über Nacht sein Mörder-Volumen. Aber auch da weiß meine Second-BFF Rat: mit vielen Gläschen Champagner nacharbeiten.

Gudrun legt stets Wert darauf, sich gewählt auszudrücken. »Ich sauf mich schön«, käme ihr nie über die Lippen.

LIMONEN-BUTTER
BEI DIE TEUREN FISCHE!
DAS LEBEN EINES PROMIS IST
SÜß UND VERFÜHRERISCH

Freikarten, Freibier und feiern, bis der Arzt kommt. Wöchentlich wartet eine neue Megaparty auf den willigen Durchschnittsstar.

So eine Berühmtheit erfährt stets genügend Aufmerksamkeit, ob an der Tankstelle oder im Discounter, und zwar egal, ob man wie Rihanna in Jogginghose oder wie Chris Hemsworth in Boss herumturnt. Echte Celebritys haben einfach immer das gewisse Etwas. Selbst Schafe können Prominente von Normalbürgern zweifelsfrei unterscheiden. Glauben Sie nicht? Die Wiederkäuer sind unschlagbar im Celebrity-Check. Ob Kim Kardashian oder Barack Obama – das Tierchen merkt sich die prominenten Gesichter. Ein Experiment der Universität Cambridge beweist: Schafe sind Meister der Gesichtserkennung. Was man dazu benötigt: ein Schaf, zwei Monitore und jede Menge Leckerlis.

Auch ich profitiere im großen Stil vom Promi-Bonus: Bei meinem WC-Hersteller genieße ich doch tatsächlich VIP-Status und werde im Falle einer anfallenden Reparatur bevorzugt behandelt. »Pullern wie ein Promi« nenne ich das gern scherzhaft. Und, ja, ich gebe es zu: Beim Metzger wird mir immer mehr Pfälzer Leberwurst gereicht, als ich bezahle.

Im Ernst: Den größten Vorteil aus meiner bescheidenen Bekanntheit zog einst meine Großmutter Bertha. Als ich 1985 beim TV startete, gestand sie mir, ohne rot zu werden: »Seitdem du beim Fernsehen bist, muss ich beim Doktor nicht mehr warten, Hans-Peter!« Durchmarsch in den Behandlungsraum trotz AOK. Das hatte was.

Täuschen wir uns nicht. Das Leben eines Promis ist auch hart und unerbittlich. Nach dem Motto: »Du hältst dich wohl für was Besseres, na warte, dir zeigen wir's!« macht man heute gern kurzen Prozess mit Stars oder solchen, die sich dafür halten. Und das nicht nur im »Dschungel-Camp«, sondern auch im Internet oder im richtigen Leben.

Die Rückzugsräume für Promis werden immer kleiner. Und wegen des geringsten Fehltritts wird man auch schon mal öffentlich in Grund und Boden gestampft. Es ist so weit gekommen, dass ich sagen möchte: Der Promi gehört wie das Breitmaulnashorn unter Artenschutz gestellt. Ein namhaftes Medizinfachblatt veröffentlichte vor einiger Zeit eine Studie mit vorhersehbarem, aber auch erschütterndem Ergebnis: Die Chance, dass ein Popstar in jungen Jahren das Zeitliche segnet, ist doppelt so hoch wie beim Normalbürger. Haupttodesursachen sind tatsächlich Sex, Drugs and Rock 'n' Roll. Nun, über das Alter bin ich ja nun hinaus.

Apropos: Meine zweitbeste Freundin Gudrun und ich fahren letztens Taxi durchs nächtliche Köln. Der Fahrer ist ein netter Iraner, und Gudrun fragt mich keck: »Sag mal, erkennen dich überhaupt noch Leute? Du bist ja jetzt schon länger weg vom Show-Fenster!« Ehe ich antworten kann, springt mir der Mann zur Seite: »Ich habe ihn erkannt. Und ich habe mir immer geschworen: Wenn er mal mit mir fährt, muss er nix bezahlen.« Danke dafür.

Gudrunchen murmelt etwas von »Promi-Bonus«, als wir unsere Lieblingstaverne »Naxos« betreten, und lässt auch nicht locker, als uns Vassily am Ende des launigen Abends wie immer einen Uzo aufs Haus bringt. Sie zischt: »Unglaublich, ständig wird dir ein Freigetränk ausgeschenkt. Deine arme Leber!« Sagt's und spült auch meinen Anisschnaps hinunter. Nach einem genüsslichen Seufzer blökt sie lachend durchs Lokal: »Ein alter Promi wie du ist ja schließlich keine Trinkhalle!«

ICH BIN DANN MAL WIEDER WEG.
ABER:
KEIN ABSCHIED IST VON DAUER

Wie trällerte Roger Whittaker einst so treffend: »Abschied ist ein schweres Schaf!…äh, scharfes Schwert.«

Wenn ich zurückblicke auf meinen knapp einjährigen Kolumnisten-Ausflug, muss ich sagen: Kinder, ich habe so viel gelernt und auch noch Freude dabei gehabt! Danke an meine Leser und mein GALA-Dream-Team.

Das große Bye-bye liegt derzeit ja voll im Trend. Der unermüdliche Elton John kündigte unlängst seine allerletzte Welttournee an. Die globale Rundfahrt wird den Pop-Senior allerdings noch ein paar Jahre auf Trab halten. Es wird wohl das längste »Tschüs« der jüngeren Popgeschichte. Die beliebte Heide Keller verließ als Chef-Stewardess Beatrice nach 36 Dienstjahren das »Traumschiff«. Mit der Begründung: »Ich möchte gehen, solange ich noch mit Stöckelschuhen die Gangway runterlaufen kann.« Das hat Stil.

Auch der dreifache Oscar-Preisträger Daniel Day-Lewis verschwand ebenfalls diesen Winter stiekum von der Bild-fläche. Er soll jetzt inkognito als Schuster in Norditalien arbeiten.

Heute schnüre ich mein symbolisches Bündel. Ich bin dann mal wieder weg. Dem Neuen entgegen. Vielleicht schwere Schafe hüten in Neuseeland oder lecker Wein an-bauen und verkosten in Umbrien?! »Man waaß es ned«, wie der Rheinhesse sagt.

Und wer hat wohl am meisten von meiner kleinen Kolumne profitiert? Königin Silvia, Angela Merkel oder Helene Fischer? Ganz eindeutig: meine zweitbeste Freun-din Gudrun. Wie ein quirliger Phönix ist sie mir nichts, dir nichts aus dem rheinischen Ascheboden zur heim-lichen deutschen Stilikone aufgestiegen. Bewandert und bewundert. Eine ganze Seite über ihre abgefahrenen Cocktailkreationen hat GALA meinem Gudrunchen so-gar gewidmet. So viel Aufmerksamkeit bekommt ja nicht mal die gute Käthe Cambridge. Fast war ich ein bisschen neidisch.

Was hat die Tapfere nicht alles für die Kunst, sprich: meine Kolumne, so in sich hineingeschüttet? Vom selbst gebrannten Zimtlikör mit Gurken-Sahnehäubchen bis hin zum eurovisionsreifen Conchita-Wurst-Cocktail mit Tequila und salzigem Salami-Rand. Alkohol schadet na-türlich ihrer Gesundheit. Aber das wissen Sie ja hoffent-lich und sowieso.

Ob ich traurig bin, dass es vorbei ist? Ich freue mich eher über das, was war. Und auf das, was kommt. Beispielsweise meine Kolumnen in Buchform ab Juli. Abschied hin, Abschied her. Es bedeutet: Wir sehen uns für eine Zeit nicht mehr.

Im Rückblick bin ich übrigens froh darüber, dass niemand mich aufgrund meiner kleinen Textspitzen verklagt, beleidigt oder gar vor den Kadi gezerrt hat. Humor ist, wenn man trotzdem lacht – hier haben Sie es unter Beweis gestellt, liebe Kolleginnen und Kollegen aus der Showbranche, die, wie ich inzwischen weiß, zu den treuesten Lesern der GALA gehören. Nun sind Sie mich und meine frechen Bemerkungen los.

Andererseits: Kein Abschied ist von Dauer. Denn bekanntlich währet ja nichts ewig. Wie sagt meine zweitbeste Freundin Gudrun immer so schön: »Keine Träne wollen wir vergießen, stattdessen soll in Strömen der Champagner fließen.«

Ich drücke Sie schlussendlich und freudig schluchzend!

GUDRUNS BAR

Fans von Hape Kerkelings Kolumne lieben seine »zweitbeste Freundin Gudrun«. Denn die Frau hat für jede Lebenslage den passenden Spruch – und das PASSENDE GETRÄNK. Aber was genau war im Glas, als sie beim Thema VIP-Kinder zum »trockenen Harper Seven« griff? GALA-Food-Chef Christian Johannes May hat mal einen gemixt. Sportlich wie Papa, posh wie Mama und ein bisschen rosa wie die kleine Beckham-Prinzessin.

Zutaten für 1 Glas:

- 45 ML Dry Gin, z. B. Tanqueray
- 45 ML Granatapfelsirup
- 45 ML Cranberrysaft
- 1 Schuss Limettensaft oder Sprite
- 1 Schuss Grenadine, nach Belieben
- AUSSERDEM: Bunter oder klassischer Zucker
  für den Rand
- 1 Zunächst Dry Gin, Granatapfelsirup, Cranberry-
  und einen Schuss Limettensaft oder Sprite in einen
  Shaker geben. Durchquirlen.
- 2 Nun nach Gusto den Schuss Grenadine hinzufügen.
  Erneut quirlen.
- 3 Abschließend alles in ein mit Zuckerrand
  verziertes Martini-Glas geben und mit Zitruszeste
  und Granatapfelkernen garniert servieren.
  Wer mag, trinkt ihn auf Eis!

Und das sagt der GALA-Food-Chef über Gudruns Favoriten:

PROSECCO

Keine Location, wo der nicht perlt. Wer ad hoc Stimmung braucht, trinkt ihn auf Eis aus dem Tumbler!

ZIMTLIKÖR

Klingt nach Oma, ist aber der Geheimtipp im Winter: hochprozentig, weihnachtlich-gewürzig und hip.

JÄGERMEISTER

Köstlich-kräuteriger Klassiker, der mit auf jeden Hochsitz muss. Chapeau, wer nach fünf Gläschen noch trifft.

KÖLSCH

Geht immer: klein, handlich und herrlich durstlöschend. Wollen Sie Spaß, bestellen Sie es in Düsseldorf!

EIN LOBLIED AUF DIE DEUTSCHE
SPRACHE ODER:
ICH LIEBE MEIN WERKZEUG!

Anlässlich der Verleihung des Medienpreises für Sprachkultur der Gesellschaft für deutsche Sprache im Jahre 2010 hielt ich eine Dankesrede. Diese Rede habe ich für dieses Buch zu einem Kapitel umgeschrieben.

Ich nehme an, wenn man den deutschen Durchschnittsteenie heute fragt: »Na, was möchtest du denn mal werden?«, dann erhält man in achtzig Prozent der Fälle die verblüffend einfache Antwort: »Irgendwas mit Medien.« Das klingt nach schnellem Ruhm, ausreichend Kohle und jeder Menge Fun!

Wirklich *heraushören*, was der Berufsanwärter genauer damit meint, kann man nicht. Mit viel gutem Willen lässt es sich *herausinterpretieren*. Was da gesagt werden soll, ist eventuell: »Ich möchte mich der Vermittlung von Inhalten mit Breitenwirkung widmen. Genaueres kann ich dazu leider noch nicht sagen.« Warum aber sagt das dann keiner? Das liegt auf der Hand: weil es zu umständlich wäre und auch gar nicht gemeint ist. Gemeint ist, was gesagt wurde, nämlich: irgendwas mit Medien. Oder anders: »Also wenn's sein muss, moderiere ich auch erst mal oben ohne bei 9Live oder verscherbele überteuerte Gemüsereiben beim Homeshopping-Kanal.«

Und so vermurkst, wie dieser Irgendwas-mit-Medien-Satz klingt, so verkorkst ist vielleicht auch der Blick auf die eigene Zukunft. Aber hat diese unschuldige Aussage in ihrer Undefinierbarkeit nicht auch etwas herrlich Kreatives oder sogar Komisches? Da ich kein ausgewiesener Sprachwissenschaftler bin, nähere ich mich den Höhen und Untiefen meiner Muttersprache eher dem Gefühl und dem Eindruck nach.

Eine Schwäche jedenfalls hat unsere Muttersprache. Es fehlt ihr, anders als den romanischen Sprachen, an Beschreibungsschärfe. Das Deutsche ist ungenau, bringt es jedoch dort zur Meisterschaft, wo es sich dem Ungefähren und dem physisch nicht Wahrnehmbaren nähert. Deutsch lässt sich demnach gar nicht korrekt sprechen, sondern nur ungefähr richtig oder eben nicht ganz falsch. Ein überraschend unordentliches Idiom.

Im Jahre 2010 wurde ich, wie bereits erwähnt, zu meiner freudigen Überraschung mit dem Medienpreis für Sprachkultur der honorigen Gesellschaft für deutsche Sprache ausgezeichnet. Allein diese Tatsache beweist in meinen

Augen übrigens die Richtigkeit meiner These. Denn wofür wurde ich da gelobt?

Es muss auch an den von mir häufig verwendeten unscharfen und manchmal sogar sehr trüben Redewendungen liegen, die ja mittlerweile schon fast Folklore geworden sind, beispielsweise: »Ja, da weisse Bescheid, Schätzelein.« Das ist nicht besonders genau formuliert, das gebe ich gerne zu, trifft aber doch den Kern. Ähnlich wie: »Ich habe Rücken.« Da stimmt nun gar nichts. Trotzdem, auch das klingt irgendwie treffsicher. Genau wie: »Ich habe Füße.« Oder wahlweise: »Ich habe auch Kreislauf, weisse?«

Aber diese Formulierungen alleine können damals nicht zur Entscheidung der Jury geführt haben. Vielleicht waren es doch eher die Schlagworte wie »Witzischkeit«. Das Wort gibt es so nicht. Oder »Hurz!«. Das Wort gibt es nicht nur nicht, vor allem ist es gar kein Deutsch. Es klingt nur so. Dieses Nichtwort steht inzwischen allerdings im Duden, weil ein findiger Informatikprofessor beschlossen hat, in Zukunft den Testlauf für neue Computerprogramme »Hurz« zu nennen. In Zukunft können Sie also getrost vom Hurz sprechen und wissen. Er existiert.

Vielleicht mochte die Jury seinerzeit ja auch die Redewendung »lecker Mittachesse«. Das ist wieder ganz falsches Deutsch. Man sagt entweder »ein leckeres Mittagessen« oder »das leckere Mittagessen«, allein die Wahl des Wortes »lecker« ist zudem an sich schon fragwürdig, denn es ist viel zu derb. Vielleicht wurde mir der Preis also doch am Ende zuerkannt wegen des von mir geprägten, mittlerweile fast stehenden Begriffs »Ich bin dann mal weg«. Das ist genau genommen auch falsches Deutsch. Es müsste heißen: »Ich bin dann einmal weg.« Das wäre dann zwar richtig, klingt aber so falsch.

Als Franz Müntefering vor rund zehn Jahren der Nachfolger seines Vorgängers im Amt des SPD-Vorsitzenden wurde, titelte eine überregionale Tageszeitung: »Ich bin dann mal Beck.« (s. Frankfurter Allgemeine Sonntagszeitung vom 2. März 2008). Es dauert vielleicht einen Moment, bis man dieses Wortspiel versteht, aber der Herr ist ja nun auch schon etwas länger Beck, beziehungsweise weg.

Tja, diese Redewendungen oder neu komponierten Worte lassen sich vielfältig und immer unterhaltsam einsetzen, aber sie sind eben auch leider immer falsch.

Kleiner Tipp: Falsches Deutsch muss nur etwas Überzeugendes haben.

Meine Vorliebe für falsches, kreatives Deutsch wurde eindeutig im Lateinunterricht geweckt. Denn erst der Lateinunterricht von Frau Dr. Reike führte mir die Grenzen meiner Muttersprache schonungslos vor Augen. Des Öfteren lautete die Aufgabe: »Übersetze aus De bello gallico (Über den gallischen Krieg)!«, was mich zu grotesk ausschweifenden Übersetzungen trieb wie: »Er wäre seiner Natur nach ein zu Besiegender gewesen … worden.« Das ist falsches Deutsch, aber ich schwöre: Das ist die Originalübersetzung des Satzes. Am Rand meines Heftes stand dann oft fett rot markiert der Vermerk: »Ausdruck, Hans-Peter!«

Die lateinische Grammatik, die eher an Logarithmen als an die Statik einer sprechbaren Sprache erinnerte, war für mich nur mit Witz in den Griff zu kriegen. Was mich rettete, war meine Vokabelkenntnis. Als Wortschatz-König übersetzte ich zwar einerseits fast jedes Wort irgendwie richtig, aber andererseits schrieb ich blumig und leichtfüßig auch die glorreiche Geschichte des römischen Imperiums um. Selbst die absurdesten und unbedeutendsten Volksstämme erhielten von mir eine echte Chance auf den Sieg gegen Rom. Denn die Römer waren nach meiner Auslegung nicht nur »zu Besiegende« gewesen, sondern auch »besiegt warende geworden«. Gut, dass ich kein Altgriechisch in der Schule hatte, sondern stattdessen Holländisch. Trotzdem: Irgendwie fand ich, das Lateinische war prägnanter, präziser und brachte die Dinge genauer auf den Punkt als meine Muttersprache. Als ich dann später Italienisch lernte, verfestigte sich dieser flüchtige Eindruck. Sicher, das Italienische klingt romantisch, melodisch, aber dem Wesen nach ist es eigentlich eine perfekte Sprache für Gesetzestexte, Hausordnungen und Gebrauchsanweisungen. Eine praktische und handliche Sprache.

Wenn ich beispielsweise einen DVD-Player anschließen muss, lese ich grundsätzlich nur die italienische Gebrauchsanweisung. Sie ist immer um ein Drittel kürzer als die deutsche und ist auch deshalb immer unmissverständlich.

Die italienische Sprache nennt meist zuerst das Ergebnis und beschreibt dann den Weg dorthin. Man könnte es also gewissermaßen als eine ergebnisorientierte Sprache bezeichnen. Die deutsche Sprache beschreibt dagegen zuerst den umständlichen Weg zum eigentlichen Ergebnis. Ein ganz lapidares Beispiel: das Wort »Kartoffelsalat«. In letzter Konsequenz ist das ein Salat. Das nennt der Italiener zuerst. Der Weg zum Salat führt über die gekochte und zerhackte Kartoffel. Das käme also erst hinterher. Ergebnis: »Insalata di patate«, »Salat von der Kartoffel«. »Salatkartoffel« ist wiederum etwas ganz anderes.

Der Deutsche denkt also die Sache von hinten her. Italiener denken von vorne. Deutsch klingt sachlich und technisch, ist aber eine zutiefst romantische Sprache. Besonders genau wird das Deutsche nämlich vor allem da, wo andere Sprachen und Völker scheinbar nicht mehr ganz so genau hinsehen oder hinfühlen. Beispiele: Die Wörter »Wesen«, »Heimat«, »Gemütlichkeit«, »Heimweh«, »Zwielicht«, »Gestalt«, alles Wörter, die zumindest in keine romanische Sprache wortwörtlich übersetzt werden können.

Das Deutsche transportiert bei vielen Ausdrücken auch einen Gefühlseindruck, den romanische Sprachen nicht so gut vermitteln können.

»Zwielicht« übersetzt der Italiener mit »Dämmerung«, »Gestalt« mit »Form« und »Figur« und »Heimweh« gar mit »Nostalgie«. Aber eine zwielichtige Gestalt, die Heimweh hat, ist doch etwas ganz anderes als eine dämmrige Figur, die unter Nostalgie leidet. Es ist unübersetzbar. Und was man nicht übersetzen kann, sollte man übernehmen. »Gestalt« heißt auf Italienisch mittlerweile »la gestalt«, und »Gestaltpsychologie« ist im Italienischen zum »gestaltismo« geworden. Andersherum geht das natürlich genauso: Man versuche einmal spaßeshalber, das Wort »informazione« ins Deutsche zu übersetzen. Genau genommen ist das eine Mischung aus den Worten »Nachricht«, »Unterrichtung«, »Weisung«, »Hinweis«, »Hilfe« und »Botschaft«, aber alles irgendwie auch nicht genau.

Meine These lautet: Wir Deutschen wollen es gerne so genau haben, so perfekt, weil unsere Sprache so unscharf ist. Die Italiener können sich ihr kreatives Chaos erlauben, weil ihre Militärsprache ohnehin keinen Platz für Missverständnisse lässt. Es ist also gut und wichtig, dass sich die Sprachen der Welt untereinander und gegenseitig befruchten und bereichern. Neue Begriffe gestatten uns, in die Gedanken und die Gefühlswelt anderer Völker einzutauchen, und führen zu einem größeren Verständnis für fremde Kulturen. Allerdings nicht immer. Es gibt auch Auswüchse, vor allem da, wo wir als Deutsche uns des Englischen bemächtigen. Denn was bitte ist zum Beispiel ein »Backshop«? Für einen Engländer ist ein »back shop« entweder ein Rückgeschäft oder ein Laden, der einfach hinten liegt, aber eben keine »bakery« oder Bäckerei. Wir sollten nicht versuchen, besser zu sein als das Original. Mit dem Wort »Bäckerei« ist am Ende dem amerikanischen Touristen in Deutschland und Omma Paslewski in Wanne-Eickel einfach mehr geholfen. Und daran, finde ich, kann man doch erkennen, dass es notwendig ist, den Kern, den Ursprung der eigenen Sprache beizubehalten. Das ist der Wert und das Besondere jeder Sprache.

Das Deutsche ist eine Sprache, die sich vermutlich besser als andere zum Durchdringen von fantastischen Theorien und zur Wahrheitsfindung eignet, also eine philosophische Sprache. Die deutsche Sprache interessiert sich nicht so sehr für das, was offensichtlich und klar ist, sondern für das, was nicht ist. Und das zeigt sich, glaube ich, auch in unserem Humor. Wenn ich in Interviews gefragt werde, was der Unterschied zwischen britischem und deutschem Humor ist, dann sage ich: Der englische Humor sagt sehr scharf, was ist, und der deutsche Humor sagt genauso scharf, was nicht ist. Engländer sagen: »Why is it so?« Der Deutsche fragt: »Wieso ist das nicht so?« Und wenn man versucht, treffend, klar und einfach zu beschreiben, muss man manchmal, fürchte ich, falsches Deutsch sprechen. Und falls Sie sich jetzt fragen »Sag mal, was hat der Typ eigentlich gelernt? Was kann der eigentlich?«, dann sage ich Ihnen ganz stolz: »Irgendwas mit Medien«.

TRAUMHOCHZEIT

Jetzt ist sie unter der königlichen Haube: die bürgerliche Argentinierin Máxima. Oranje-Fan Hape Kerkeling mischte sich unters Volk und berichtet aus Amsterdam über ihre Hochzeit mit Willem-Alexander.

Wenn das so ist, nehme ich auch noch eins. Ich sitze in Beurs Bodega am Tiesell, einem Kammerchen von Kneipe, vielleicht sieben Meter lang und drei Meter breit, mir gegenüber hängt ein Poster. Es zeigt Willem-Alexander und seine Máxima, seit elf Stunden Mann und Frau, und zwei Sprechblasen. Bierchen, fragt der Kronprinz auf Holländisch: »Biertje?« »Ja«, antwortet seine Angetraute, »ik wil.«

Paula, die nette Blonde hinterm Tresen, stellt mir noch ein Heineken hin.

Ich bin fix und fertig. Das war ein Tag. Aber jetzt ist er endlich unter der Haube, der Alex.

Fragen Sie mich nicht, warum, aber als ich zehn wurde, habe ich die Schwester von Königin Beatrix zu meinem Geburtstag eingeladen. In einem Anfall juveniler geistiger Umnachtung dachte ich mir, Bea, damals Kronprinzessin, habe eh keine Zeit, und schrieb deshalb Prinzessin Irene einen Brief. Wie Sie sich vorstellen können, blieb Irene meinem Ehrentag in Recklinghausen fern. Dafür bekam ich Post von ihrem Sekretär, der sich entschuldigte, dass Ihre Hoheit leider verhindert sei. Sie wünsche mir aber alles Gute.

Den Brief habe ich heute noch, irgendwo zu Hause in einer Kiste. Beeindruckt von der Liebenswürdigkeit dieser Antwort, bin ich dem Hause Oranje-Nassau seitdem zutiefst verbunden – abgesehen von einer kurzen Phase mit 13 oder 14, wo ich die Bay City Rollers einfach fetziger fand.

Später schrieb ich einen weiteren Brief an das Schloss Huis ten Bosch in Den Haag; 1991 war das, und Beatrix sollte auf Staatsbesuch nach Deutschland kommen. Ich moderierte inzwischen die Sendung »Total Normal«, und unsere Redaktion bat in unterwürfiger Schleimigkeit um ein Interview mit Ihrer Majestät. Die war wenig »geamuseerd« und verweigerte uns ebenso schleimig, aber deutlich gekonnter ein Gespräch. Was dazu führte, dass ich mich verkleidete und ihr freundlicherweise die Beschwerlichkeiten eines Staatsbesuches abnahm. Damals, auf Schloss Bellevue beim guten alten Richard von Weizsäcker.

Seitdem klebt die Beatrix an mir – und ich irgendwie auch an ihr. Da liegt es nahe, an einem ganz besonderen Festtag der Oranier schützend in ihrer Nähe zu sein. Also bestieg ich am vergangenen Freitag in Düsseldorf einen ICE und machte mich, mit Fachlektüre von »Frau mit Herz« bis »Neue Revue« bewaffnet, auf nach Amsterdam – zur Hochzeit von Beas Erstgeborenem. Willem-Alexander Claus George Ferdinand van Oranje-Nassau, kurz: Prinz Pilsje, der im Gesicht aussieht wie Stefan Effenberg und auf dem Kopf die Föhnfrisur meiner Tante Hilde aus Herne von 1976 aufträgt. Der sich morgen vermählen wird mit der Argentinierin Máxima Zorro, äh, Zorro, ach egal, morgen heißt sie eh wie er, hinten jedenfalls.

Am Abend in Amsterdam angekommen, spaziere ich vom Hauptbahnhof über den »Damrak« Richtung Palast. Die Stadt leuchtet orange, überall hängen rot-weiß-blaue Fahnen – so sieht's hier sonst nur aus, wenn die Holländer irgendwas im Fußball gewuppt haben.

Da die nächste Fußball-WM ohne sie stattfinden wird, ist es gut, dass Bea die Neue in ihr Oranje-Team einberufen hat – und damit für morgen ein Volksfest, C & A hat deshalb sogar sein Logo geändert: W & M lese ich stattdessen auf dem Kaufhaus-Schild. Verdammt gutes Marketing.

Doch dann, o Schreck, was macht die denn hier? Über dem Eingang zum Casino prangt ein XXXXXL-Foto von Alex und seiner Braut. Vielleicht liegt's an der Dose Heineken, die ich schon intus habe, weil ich weiß, was sich in Beas Land gehört, aber ich glaube, Linda de Mol grinse auf mich herab. Verzeihung, Hoheit, eine Argentinierin stelle ich mir eher südländisch, nicht aber südholländisch vor.

Doch ob ich will oder nicht – das Fieber hat mich gepackt. Im nächstbesten Souvenirshop muss ich eine orangene Plüschkrone kaufen und ein orangenes T-Shirt mit dem holländischen Löwen drauf; das letzte vorhandene Máxima-Shirt in Größe S ist leider nix für mich. Ich nehme deshalb einen Schal mit ihrem Namen und lerne nebenbei: Die Euro-Preise sind hier noch fürstlicher als bei uns – der Spaß kostet mich 62,19 Euro.

Ich bleibe gelassen, weil ich weiß, ich habe ein Hotelzimmer mit Blick auf Beas Palast gebucht. Als ich wenig später aus dem Hotelfenster schaue, stelle ich fest: Das mit dem Palastblick war nicht gelogen. Mein Fenster geht raus auf eine Gasse, an deren Ende der Schlossplatz liegt. Ich erkenne in der Ferne einen Hauch der rechten Flügeltür und eine ziemlich korpulente, uniformierte Politesse; Bea wäre von der komplett abgedeckt. Immerhin kann ich sehen, dass man genau gegenüber bei McDonald's den Royal TS nicht in Royal WM umgetauft hat. Verdammt schlechtes Marketing.

Ich muss hier raus. Raus auf den Schlossplatz. Raus zu den netten deutschen Polizisten, die an diesem Wochenende ihre holländischen Kollegen unterstützen. Sie stehen vor der Absperrung an der Nieuwe Kerk, wo morgen so was von Ja gesagt wird, und werden von manchem Amsterdamer gefragt, was sie hier zu suchen haben. Worauf der sympathische Schutzmann aus Bochum wahrheitsgemäß antwortet: »Bomben.«

Vorm Palast, der um die Hälfte kleiner wirkt als das Rathaus von Recklinghausen, ist die Stimmung noch nicht so richtig bombig: Nur ein paar Nasen haben sich bisher an die Absperrungen verirrt, um zu gucken, ob was Wichtiges an Euro-Adel vorfährt. Stattdessen leere Limousinen mit Polizeieskorte – beeindruckend, aber für mich sinnlos: Die Holländer proben den ganzen Aufstand nur. Die Hoheiten feiern derweil Polterabend in der Amsterdam Arena, ein paar Kilometer entfernt.

In Ermangelung hochkarätiger Prominenz muss ich dann ran: Am Gitter lehnen lässig Ditmar und Ralf, zwei Hamburger Hochzeitstouristen, wenig Haar auf dem Kopf, viel Gepierce im Gesicht, und freuen sich über ein bekanntes Gesicht: »Dass der Kerkeling hier auf die Straße darf.«

Warum denn nicht? Ich warte schließlich auf Bea. Die beiden Hamburger auf Máxima. Die allerdings, so raunt es entlang des Gitters, sei längst da. Um 23.54 Uhr fährt endlich eine schwarze Limousine mit Fahrgast vor: Willem-Alexander, den erkenne ich sofort an Tante Hildes Haaren. Er winkt uns, ich winke zurück, schon wieder eine Dose Heineken in der Hand. Prost, Majestät! Und lekker Slapen!

Es ist nicht überliefert, wann der denkwürdige Samstag für Willem-Alexander begann. Tatsache ist: Er muss genauso beschissen geschlafen haben wie ich. Denn vorm Palast, und der ist, wenn auch nicht wirklich in Sicht-, dann wenigstens in Hörweite, erklang es die ganze Nacht: »Oranje boven, Oranje boven.« Wenn schon die Thermo-

panescheiben des Hotels den extrem aufgekratzten Laien-
chor von Fans nicht dämmen konnten – was muss der
arme Kerl in dem Palast mit den ollen Fenstern durchge-
macht haben?

Nur so sind die Augenringe zu erklären, mit denen
sich das Brautpaar gegen zehn Uhr dem Volk präsentiert;
doch wer selber ein Gesicht hat wie'n verquollenes Glas-
haus, der sollte nicht mit Steinen werfen. Willem-Alexander und Máxima jedenfalls haben sich prima in ihre
Klamotten reingehungert. Er in seine Käpt'n-Traumschiff-
Uniform, sie in ihr, und da lasse ich nicht mit mir disku-
tieren, stilistisch einwandfreies Valentino-Designer-Outfit.
Nichts gegen die ältere Dame aus Gouda, die für Bea näht,
aber Rom ist eben Rom.

Zum Glück hat unser Fotograf in unserem tollen Hotel
die Suite nach vorn raus mit Blick auf den Damrak bekommen. Ich bin mir sicher: ein Versehen, genau wie der
Obstkorb und die Flasche M & C. Er lässt mich netterweise
auf seinem Fensterbrett thronen, sodass ich W & M auf
dem Weg zum Standesamt von oben aufs Rolls-Royce-
Dach winken kann. Hinter mir im Televisie moderiert sich
Nina Ruge 'nen Zacken aus der Krone – wie gut, dass man
in Amsterdam auch das ZDF empfangen kann. Hat allerdings gedauert, weil ich erst beim Pay-TV hängen blieb –
da lief »Der Planet der Affen«.

Irgendwie ist draußen immer noch nicht so richtig was
los. Den Hunderten von aufmarschierten, blitzeblank po-
lierten Gardisten stehen bislang nur zwei Reihen holländische Omis gegenüber. Das hat Bea nicht verdient – das

sieht aus wie Karneval in meiner Heimatstadt Recklinghausen.

Aber eins muss man den Holländern lassen: Sie haben
ein Gefühl fürs Wesentliche. Beim entscheidenden Finale,
dem Kuss zum W & M-Happy-End, werden die Omis und
ich von hunderttausend Oranje-Fans eingekesselt sein.

Doch was macht man bis dahin? Wenn man nicht ge-
laden ist in die Kirche, was ich Bea nicht übel nehmen
kann, aber ganz einverstanden bin ich damit nicht. Dann
quetscht man sich eben eine Stunde lang an vier Kilometern Absperrgittern und unzähligen Ü-Wagen vorbei –
und guck mal, wie es bei den Argentiniern um die Gast-
freundschaft bestellt ist.

Gerade rechtzeitig zum Beginn der kirchlichen Trauung
schaffe ich es ins La Pampa in die Paleisstraat 21, hundert
Meter Luftlinie von der Nieuwe Kerk entfernt und nur
zwanzig Meter von Beas Palast.

Das La Pampa ist ein recht rustikales Steak-House mit
Dachziegeln, Plastikweinreben und Stiergemälden an den
Wänden; die Kellner tragen heute orangene T-Shirts von
C & A mit W & M drauf. Das Preis-Leistungs-Verhältnis
stimmt. Ein Rumpsteak, 300 Gramm, kostet 16,25 Euro.
Wer ordentlich zahlt, finde ich, darf auch am eigens aufge-
stellten Fernseher rumdrehen: Ich wünsche mir das ZDF.
Mein Wunsch ist hier Befehl, schließlich bin ich der einzige
Gast. Zur Strafe wird die Tangomusik bis zur Schmerz-
grenze aufgedreht. Ich höre gerade noch, wie Nina Ruge
bemerkt: »Máximas Kleid ist halsfern geschnitten.« Halsfern? Für mich schon jetzt das Wort des Jahres 2002.

Die Braut des Jahres kann einem irgendwie leidtun. Máxima, Kettenraucherin, lächelt jetzt schon über zwei Stunden, lächelt tapfer und nikotinfrei darüber hinweg, dass Mama und Papa irgendwo in der Pampa vor dem Fernseher sitzen. Ob die auch Nina Ruge gucken?

In der Glotze geht es an die Einsegnung. Ich bestelle lecker Mittagessen: einen argentinischen Tapas-Teller zur Feier des Tages – mit Garnelen, die ein bisschen so riechen, als seien sie in der Zeit gefischt, in der Máximas Vater noch Landwirtschaftsminister war. Dazu Spare Ribs und Pommes frites von holländischen Kartoffeln. Während ich damit kämpfe, das Fleisch von den Rippen zu kriegen, wurstet Willem-Alexander seiner Máxima den Ring über den Finger. Wie sie ihn dabei ansieht, die Braut, aus diesen tiefbraunen Augen! Und dann ihre Tränen – da wird sogar im La Pampa die Musik abgedreht. Dafür ertönt jetzt aus dem Fernseher Tango.

Charles von Wales döst derweil rhythmisch in der dritten Reihe. Sofia von Spanien fasst sich an den Kopf. Verständlich, wenn man so einen Hut aufhat: eine Anmutung von verwelkten Bananenschalen. Paola von Belgien tuschelt mit ihrem Gatten. Vermutlich über Sonia von Norwegen, die als Einzige dem Anlass entsprechend gekleidet ist: in Orange. Wo ist eigentlich Ernst August von Hannover?

Als Prinz Willem-Alexander und Prinzessin Máxima die Kirche verlassen und sich in der güldenen Kutsche auf Stadtrundfahrt begeben, lasse ich die letzte Rippe Rippe sein. Ich muss hier raus. Raus aus La Pampa, rauf auf den

Schlossplatz. Zu den netten Holländern. Selten habe ich Menschen so unaufdringlich drängeln sehen. Sie schieben mich dahin, wo ich hingehöre: direkt unter den Palastbalkon. Na ja, fast. Extreme Seitenansicht, vielleicht 80 Meter weg vom Fenster.

Das Geschrei wird laut – ob die Kutsche wohl gerade vorfährt? Es muss so sein: Ich sehe einen güldenen Zipfel. Und Máxima und Alex? Sind sie noch drin, sind sie schon raus? Nichts Genaues weiß man hier. Aber irgendwer muss irgendwo sein, sonst würden die Holländer nicht brüllen wie am argentinischen Spieß. Ich brülle mit.

Und, jaaaaaaaa! Da, auf dem Balkon: Ich sehe eine weiße Hand. Sie winkt.

Mehr sehe ich nicht. Aber was soll's? Man muss das sportlich sehen: Dabei sein ist alles. Ich brauche ein Heineken.

Aufgezeichnet von Ulrike von Bülow

Mein herzlicher Dank für eine tolle Zusammenarbeit geht an die Chefredakteurin der GALA, Anne Meyer-Minnemann. Mein besonderer Dank geht an meine Redakteurin Sabine Kobes für Inspiration, Ideen und mehr. Dank auch an Bettina Klee.

Und danke an meinen Mann.